Facebook으로 돈 버는 모든 방법

페이스북 마케팅
실전기법

Facebook으로 돈 버는 모든 방법

페이스북 마케팅 실전기법

초판 1쇄 발행 ┆ 2018년 8월 20일

지은이 ┆ 페꼼마 이종근
기획편집총괄 ┆ 호혜정
표지·본문 디자인 ┆ 김민정
교정·교열 ┆ 호혜정 이혜지
홍보마케팅 ┆ 최미남 김태현

펴낸곳 ┆ 리텍 콘텐츠
출판등록 ┆ 제 2011-000200호
주소 ┆ 서울시 용산구 원효로 153 원효빌딩 8층 824호
전화 ┆ 02-2051-0311 **팩스** ┆ 02-6280-0371
홈페이지 ┆ http://www.ritec.co.kr
페이스북, 블로그 ┆ [책속의 처세] [책갈피를 꽂다]
ISBN ┆ 979-11-86151-14-3 (13320)

· 잘못된 책은 서점에서 바꾸어 드립니다.
· 책값은 뒤표지에 있습니다.
· 이 책의 내용을 재사용하려면 사전에 저작권자와 리텍콘텐츠의 동의를 받아야 합니다.

상상력과 참신한 열정이 담긴 원고를 보내주세요. 검토 후 책으로 만들어 드립니다.
원고투고: ritec1@naver.com

* 이 도서의 국립중앙도서관 출판예정도서목록(CIP)은 서지정보유통지원시스템
   홈페이지(http://seoji.nl.go.kr)와 국가자료공동목록시스템
   (http://www.nl.go.kr/kolisnet)에서 이용하실 수 있습니다.(CIP제어번호: CIP2018022723)

Facebook으로 돈 버는 모든 방법

페이스북 마케팅
실전기법

페꼼마 이종근 지음

나는 페이스북에 관해서는 문외한이었다.

나는 페이스북 마케팅계에서는 듣보잡인 사람이었다.

하지만 현재 페이스북 최고의 전문가라는 칭호와 영예를 얻었다.

페이스북을 만난 것은 내 일생일대의 행운이다.

페이스북을 만나지 못했다면 아마도 내 삶은 흔적이 남지 않았을 것이다.

나는 페이스북에 빚을 진 사람이다.

항상 마크 주커버그에게 감사한다.

나는 페이스북이라는 복권에 당첨된 사람이다.

나는 어느 날 갑자기 페이스북이라는 벼락을 맞은 사람이다.

지금은 페이스북이 내 인생이요, 내 사업이 되었다.

페이스북은 인류 최고의 마케팅 도구이다.

인류가 발명한 최고 발명품 중 하나다.

페이스북은 단순히 기계적인 프로그램이 아니다.

인공지능화된 알고리즘 마케팅 시스템이다.

이 책을 쓰는 첫 번째 이유는
독자들에게 나를 사로잡은 인공지능화된 페이스북을 보여주고 싶다.
단순히 마케팅 기능 몇 가지를 알려주는 것이 아니라,
페이스북이 인공지능적으로 부리는 마케팅 예술을 보여주고 싶다.

이 책을 쓰는 두 번째 이유는
나의 꿈 때문이다. 나는 꿈이 있다.
페이스북을 연구하고 강의하며 찾은 선명한 꿈이 있다.

대학에 페이스북 학과가 개설되기를 희망한다.
또한, 페이스북 마케팅 대학을 설립하는 것이 목표이다.
페이스북 전문가를 양성하고 싶다.

왜냐하면, 나는 페이스북 세상, 그리고 페이스북이 만들어가는 세상을
보았기 때문이다. 그리고 페이스북에서 발산되는 강력한 에너지와 엄청
난 자원을 보았다.

페이스북에는 전 세계 경제활동인구의 절반이 사용하면서 쏟아내는 강력한 에너지가 발산된다.

또한, 페이스북에는 인적 자원, 비즈니스 자원, 금전적 자원이 넘친다.

나는 페이스북이 젊은이들의 SNS 놀이터로만 머물기를 원치 않는다.

나는 젊은이들이 페이스북에서 발산되는 에너지와 자원을 통해 꿈을 찾고 실현하기를 원한다.

페이스북에 있는 에너지와 자원을 활용하는 법을 배웠으면 한다.

페이스북은 젊은이들에게 무지개 같은 신기루가 아니다.

페이스북이 내 직업이 될 수 있다.

페이스북이 내 사업이 될 수 있다.

이 책을 쓰는 세 번째 이유는

사업하는 사람들에게 페이스북 마케팅은 선택의 문제가 아니라,

필수임을 알려주고 싶다.

페이스북이 사업의 흥망성쇠를 좌우할 것이다.

구글 회장 에릭 슈밋까지도
"구글이 페이스북을 대처 못 한 것이 최대 실수였다."며 후회하였다.
페이스북의 파워는 구글을 후회까지 하게 만들었을 정도다.
페이스북의 마케팅 파워는 강력하다.

페이스북이 만들어가는 세상의 끝을 보고 싶다.

　내가 페이스북을 만나 도움을 받았듯이 독자들도 페이스북 마케팅을
통해 사업이 일대 전환되었으면 하는 바람이다.

제5부 마크 주커버그도 모르는 페이스북 마케팅 그래프 7대 비법

페이스북 마케팅을 배우려면 넘어야 하는 첫 번째 장애물이 있다. 바로 용어와 개념잡기다. 페이스북 마케팅의 용어와 개념부터 바로잡고 배워가야 한다.

속설에 주커버그가 한국의 싸이월드(www.cyworld.com; 인맥 기반 커뮤니티 서비스)를 벤치마킹하였다고 한다. 그런데도 페이스북은 미국식 용어와 개념과 문화가 녹아 있어 한국 사람에게는 쉽게 익숙해지기 어려운 것이 사실이다. 신문 기자, 소셜전문가라고 하는 사람들도 페이스북에 관한 글을 쓰면서 용어를 뒤죽박죽 쓰는 경우도 많이 보았다.

그러면 페이스북은 어떠한 모티브를 갖고 있을까? 페이스북은 TOWN (타운), 즉 마을, 동네라고 할 수 있다. 페이스북의 용어와 개념을 이해하는 가장 정확한 그림으로 산골동네도 아니고 강남의 번화한 아파트촌도 아닌 읍, 면 정도에 있는 정감 넘치는 동네라고 보면 좋을 것이다.

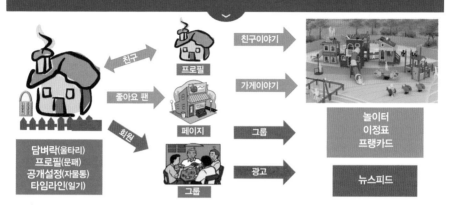

페이스북 마을 여행하기

친구 / 친구이야기 / 프로필 / 좋아요 팬 / 가게이야기 / 페이지 / 회원 / 그룹 / 그룹 / 광고

놀이터
이정표
프랭카드

뉴스피드

담벼락(울타리)
프로필(문패)
공개설정(자물통)
타임라인(일기)

먼저 페이스북 타운(동네)에 등장하는 주요 요소부터 살펴보자.

첫째, 동네에는 우리 집과 친구네 집이 있다. 페이스북 용어로 '우리 집과 친구네 집'을 페이스북에서 개인 계정, 즉 '프로필'이라고 한다.

둘째, 동네에는 가게들이 있다. 편의점, 식당, 세탁소, 옷가게, 회사 등의 '가게'를 페이스북에서 '페이지'라고 한다.

셋째, 동네에는 동호회 모임이 있다. 조기축구, 바둑, 등산 모임 등의 '동호회'를 페이스북에서 '그룹'이라고 한다.

넷째, 동네 가운데에는 놀이터가 있다. 놀이터에 가면 동네의 모든 소식을 들을 수 있다. 이 '놀이터'를 페이스북에서 '뉴스피드(news feed)'라고 한다. 동네 소식(뉴스, news)이 흐르는(피드, feed) 곳이다.

놀이터(뉴스피드)에 가면 친구들(프로필) 이야기, 가게들(페이지) 이야기, 동네 동호회(그룹) 이야기, 그리고 플래카드(광고) 등 모든 이야기를 들을 수 있다. 페이스북 타운의 모든 소식이 모이는 곳이 바로 뉴스피드다.

지그시 눈을 감고 정겨운 동네를 상상해 보라. 그리고 페이스북 용어를 적용해 보면 페이스북이 얼마나 동양적, 특히 한국적인지를 느끼게 될 것이다.

다음으로 우리 집에 등장하는 요소부터 살펴보자.

페이스북에서 개인 계정을 사람으로 대입하면 페이스북 용어가 해석되지 않는다. 반면에 개인 계정을 집이나 아파트가 아닌 단독주택으로 대입하면 쉽게 해석된다.

첫째, 우리 집에는 울타리가 있다. 페이스북 용어로 울타리를 WALL 즉 '담벼락'으로 나만의 공간, 나만의 영역을 지칭한다.

둘째, 우리 집에는 문패가 있다. 문패에는 이름과 주소 정보가 있다. 문패는 '프로필'이다. 내 사진, 내 정보가 담긴다.

셋째, 우리 집에는 대문과 자물통이 있다. 어느 집은 대문이 항상 닫혀 있고, 어느 집은 항상 열려 있고, 어느 집은 친구에게만 문이 열린다. 페이스북 용어로 대문과 자물통은 '공개설정'이다. 공개설정은 나만보기(닫힘), 전체공개(열림), 친구공개 등 3단계로, 모든 정보, 모든 게시글에 내가 설정할 수 있다.

넷째, 집 안에서 일기를 쓴다. 나의 이야기, 그리고 오늘 있었던 세상 이야기를 쓴다. 페이스북에서는 '타임라인'이라고 한다. 시간순으로 차곡차곡 쌓여서 타임라인이라고 한다. 공개설정을 통해 내 일기장(타임라인)에 친구도 글을 쓰게 할 수도 있고 나만 쓸 수도 있다.

이러한 우리 집 구조로 인해 개인 계정을 부르는 말들이 담벼락, 프로필, 타임라인으로 쓰는 사람에 따라 제각각 불린다. 이 모두 개인 계정을 일컫는 말들이다.

이제 다시 지그시 눈을 감고 우리 집의 구석구석을 떠올리면서 페이스북 용어와 대입해 보라. 서양이나 동양이나 집구석은 똑같다는 생각에 웃음이 새어 나온다.

페이스북에 관한 글을 쓰거나 강의를 하는 사람들이 가장 많이 실수하는 용어가 '타임라인'과 '뉴스피드'이다. 대부분 입에서 나오는 대로 사용해서 틀린다. '타임라인'은 나의 이야기가 쌓이는 공간이다. 반대로 '뉴스피드'는 우리들의 이야기가 모이는 공간이다.

즉 내가 포스팅하면 내 일기장인 '타임라인'에 등록되고, 그 포스팅은 곧 내 친구들의 놀이터인 '뉴스피드'에 배달되는 것이다. 마찬가지로 페이지에 포스팅하면 페이지 '타임라인'에 글이 등록되고, 페이지 좋아요 팬들의 '뉴스피드'에 배달된다.

이만큼 용어를 친절하게 설명해 줬는데도 불구하고 섞어찌개 만드는 사람에게는 더 이상 무어라 할 말이 없다.

페이스북 마케터는 먼저 페이스북 용어와 개념에 대한 분명한 이해가 있어야 한다. 또한, 페이스북의 구조와 원리에 대한 기본적인 이해가 있어야 하버드급 인공지능 페이스북 마케팅의 세계에 들어갈 수 있다.

승리하는 군대는
이기는 상황을 만들어 놓은 후 전쟁을 시작하고
패배하는 군대는
먼저 전쟁을 일으키고 승리를 기대한다.

−〈손자병법〉

제1부

페이스북을 만나
마케팅의 꿀을 빨다

1-1 페이스북에서 꿀맛을 보다

"런치타임"이라는 점심 애플리케이션을 만들어 대박을 꿈꾸며 마케팅을 시작했다.

하지만 마케팅의 현실은 참담했다. 너무나 차가웠다.

무작정 블로그를 만들어 포스팅하였다.

하루 방문자가 열 명도 못 미쳤다.

심혈을 기울여 포스팅한 글에 아무도 흔적을 남기지 않았다.

트위터를 만들고 팔로워를 1만 명 모았다.

하지만 트윗을 날려도 아무도 대꾸하지 않는다.

뻐꾸기들이 단체 휴가를 가버렸다.

페이스북 계정을 만들고 친구들을 모으기 시작하였다.

친구 신청만 했을 뿐인데 신분인증을 요구하고, 잠기고, 비활성화된다.

무슨 규칙이 이렇게 까다로운 거야?

이것이 내 마케팅의 현실이었다.
아마추어 사업가의 그저 그런 볼품없는 마케팅이었다.
마케팅을 배우지 않은 티가 흘러넘쳤다.

천만다행인 것은
말라비틀어진 마케팅의 땅에서 페이스북이 희망의 꽃을 피워주었다.
쓰디쓴 마케팅의 쓴맛을 꿀맛으로 바꾸어 주었다.

고군분투 속에 페친(페이스북 친구)을 몇백 명 모을 수 있었다.
마케팅의 첫걸음으로 타임라인에 글을 올렸다.
좋아요가 몇 개 찍혔다.
정말 기분이 좋았다.
누군가가 나의 글에 반응하고 있다는 사실이 이렇게 좋을 줄 몰랐다.
내가 처음으로 맛본 마케팅의 희열이었다.

페이스북에서 마케팅의 꿀을 빨았다. 희망의 꿀맛이었고, 격려의 꿀맛
이었다.
만약 이때 페이스북이 내게 꿀맛을 주지 않았다면
페이스북과 나의 인연도 끝이 났었을 것이다.

마케팅만큼 외로운 작업도 없다.
그래서 나는 가능한 한 마케팅을 함께하라고 권한다.
가족과 직원들과 마케팅을 함께하라.

페이스북에서 '좋아요'는 크나큰 응원의 에너지를 받는 행위다.

참으로 다행인 것은 페이스북에는 좋아요 버튼만 있다는 것이다.

만약에 싫어요 버튼이 있어서 싫어요가 찍혔다면 잠을 이루지 못했을 것이다.

수많은 사람들의 '싫어요 버튼' 탑재 요구에 반대한 주커버그가 다시 한 번 위대해 보인다.

페이스북은 '좋아요' '긍정' '칭찬'이 넘치는 왕국이다.

좋아요로 누군가가 일어서고, 용기 받고, 격려받는 곳이 페이스북이다.

그렇게 페이스북은 아마추어인 나에게 마케팅의 꿀맛을 맛보게 해 주었다.

페이스북 마케팅의 가능성을 보여준 곳이다.

1-2 페이스북 벼락을 맞다

페이스북이 나에게 또 하나의 꿀맛 같은 선물을 주었다. 아니 벼락을 맞는 사건이 있었다.

어느 날 페친 목록을 살펴보던 중 페친들이 식당 사장, 유명 호텔 요리사, 요리 관련 고등학교 학생으로 구성되어 있다는 사실을 알았다. 런치타임 앱을 사용할 타겟들로 구성된 것이었다. 이것을 보는 순간 심장이 멎는 줄 알았다. 벼락을 맞는 충격 그 자체였다.

페이스북은 어떻게 내 필요를 알고 있었을까? 페친 목록을 내 사업의 타겟들로 채워줄 수 있었을까?

이것은 결코 우연이 아니었다. 페이스북 세상에서는 우연으로 일어나는 일은 없다.

곧 비밀의 열쇠를 찾았다. "알 수도 있는 친구"에 있었다. '알 수도 있는 친구'에 추천된 사람들을 하나하나 눌러보니 비슷한 결과였다. 외식업, 요리 관련업에 종사하는 사람들이었다. 나와는 일면식도 없는 사람들인데, 어떻게 나와의 관계성을 파악하고 연결해 줄까? 관계 연결의 근원지는 프로필 정보에 있었다. 계정 이름을 '런치타임'으로 만들고 직장 정보를 '런치타임'으로 하였더니, 똑똑한 페이스북은 'lunch'를 읽어 '식당' '요리' 등을 관계 키워드로 하여 페친들을 이어주고 있었던 것이었다. 이 얼마나 놀라운 발견인가!

페이스북에서 타겟 마케팅의 깊은 원리를 보았다. '콩 심은 데 콩 난다'는 속담처럼 콩을 심으면 페이스북은 나에게 콩이라는 열매를 주는 시스템이었다. **타겟을 조정하는 시스템이 페이스북에 있었다. 페이스북에 마케팅의 최고 기법인 타겟 마케팅 시스템이 숨어 있었던 것이다.**

궁금증이 발동해 특정 학교, 특정 지역, 특정 직장의 계정을 만들어 실험해 보았다. 원하는 특정 사람들이 알 수도 있는 친구에 '짜잔!'하고 출현하였다. 페이스북 타겟팅 시스템은 정확하게 작동하고 있었다.

페이스북 속에 숨어 있는 마케팅의 속살을 보게 된 첫 경험이었다. **페이스북의 SNS(Social Network Service; 사회관계망 서비스) 기능이 마케팅의 옷을 입으면 인공지능 마케팅 로봇으로 변모한다.**

감히 페이스북을 해부하고 실험해 보았다. 타겟을 설정하고, 타겟을 추적하는 마케팅 방법을 만들었다. 이 실험이 나를 페이스북 마케팅의 세계로 인도했고, 페이스북 마케팅 전문가 칭호를 얻게 해 준 출발이었다. 한마디로 페이스북은 마케팅의 보고이다.

1-3 하버드급 인공지능 마케팅 시스템을 발견하다

● 페이스북이란 무엇인가?

이렇게 물어보면 열에 아홉은 SNS, 즉 소셜네트워크라고 답한다. 주커버그를 소재로 한 영화 '소셜네트워크' 때문일 것이다. 물론 페이스북은 다양한 SNS 중 하나다. 그중에 전 세계 경제활동인구의 절반이 사용하는 세계 최대의 SNS이고, 가장 성공한 SNS이다. 그렇다고 페이스북을 단지 SNS로만 바라보면 아주 큰 실수를 하고 있는 것이다.

페이스북은 하나의 SNS가 아닌, 슈퍼 울트라 SNS이다.

주커버그가 페이스북으로 어떤 그림을 그리고 있는가를 살펴볼 필요가 있다. 페이스북은 크게 두 가지 측면에서 변모하고 있다. 하나는 SNS로서의 기능이고, 다른 하나는 비즈니스(마케팅) 플랫폼으로서의 변화이다. 더 나은 소셜 환경을 위해 지금도 페이스북은 새로운 기능들을 쉬지 않고 선보이고 있다. 그러나 가장 급변하는 것이 비즈니스 분야로 기업들에 최적의 마케팅 환경을 만들어 주려 한다. 즉 **페이스북은 SNS 기반의 비즈니스 플랫폼이다.**

페이스북은 프로그램 기계가 아닌 인공지능 시스템이다. 한마디로 페이스북은 단순히 SNS가 아닌 '인공지능적인 마케팅 로봇'이다. 아마도 페이스북을 만든 주커버그조차도 자신이 만든 페이스북이 이토록 '인공지능 마케팅 로봇시스템화' 되었다는 사실을 모를 것이다. 페이스북의 기능들은 조금만 방향을 틀면 마케팅적 용도로 충분히 유용하게 사용할 수 있다.

페이스북 마케팅의 세계에 들어온 독자들에게 가장 보여주고 싶은 부분이다. 몇 가지 페이스북 마케팅 기법만 얻을 요량으로 이 책을 허비하지 말아 달라. 이 책은 부족하지만 **페이스북 속에 숨어 있는 어떤 덩어리들을 해부하려고 한다. 바로 그 덩어리가 페이스북 마케팅의 핵심 요소이다. 페이스북이라는 거대한 시스템 구조물 속에서 작동하는 하버드급 인공지능 마케팅 시스템이다.** 이 시스템을 이해하면 더 풍성한 페이스북 마케팅 세계에 들어갈 수 있다.

1-4 페이스북 마케팅의 4가지 관점을 보다

그렇다면 지금까지 우리가 바라보았던 SNS로서의 페이스북이 아닌 다른 시각과 관점에서 페이스북을 보아야 한다는 결론이 나온다. 즉 단순히 SNS 관점에서, 소셜미디어 관점에서만 페이스북을 바라보고 활용하는 것이 아니라 페이스북을 마케팅의 관점에서, 비즈니스의 관점에서, 세일즈의 관점에서, 커뮤니티의 관점에서 바라볼 것을 제안한다.

이제는 이 네 가지 안경을 쓰고 페이스북의 기능을 살펴보라. 기가 막

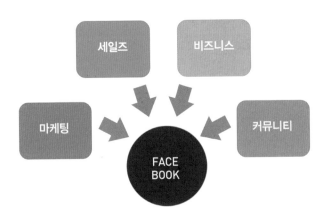

힌 비즈니스 마케팅의 세상이 보일 것이다.

• 페이스북은 마케팅이다

페이스북에는 최적의 마케팅 환경이 있다. 전 세계 경제활동인구 절반이 페이스북을 사용한다. 인류 역사상 22억 명의 마케팅 대집단 시장이 형성된 적은 없을 것이다. 페이스북은 최고의 마케팅 시장이다. 또한, 최적의 마케팅 환경을 갖추고 있다. 바로 실명 기반을 유지하고 있는 점이다. 이 실명 정책은 마케팅의 신뢰성을 높여 준다.

페이스북에만 있는 도달/확산 시스템은 마케팅의 기하급수적 확산을 통한 바이럴(입소문, viral) 마케팅의 실현을 가능케 한다. 페이스북의 좋아요 버튼은 단순히 숫자가 아니다. 좋아요를 누르면 그 글은 페친들의 세상으로 퍼져 나간다. 페이스북은 누구든 적은 비용으로 마케팅에 도전할 수 있게 해 주며, 마케팅의 혜택을 받을 수 있게 해 준다. 이 페이스북의 도달 시스템을 현실화시키는 기저에는 페이스북 사용자들이 있다.

필자는 **페이스북 사용자를 'Active User', '활성화 유저'라고 부른다. 이들은 페이스북 사관학교에서 훈련받은 '손가락 병사'들로 어떠한 보상이나 대가 없이 마케팅 콘텐츠들에 손가락으로 좋(아요)/댓(글)/공(유)을 한다. 이 약 22억 명의 손가락 병사들로 인해 수많은 자영업, 기업이 페이스북 마케팅의 꿀맛을 느끼고 있다. 페이스북은 앞으로도 충분히 늘어날 가능성이 큰 Active한 22억 명 이상의 손가락 병사들이 있는 한 최고의 마케팅 도구이다.**

이제 페이스북은 많은 사람들이 사용하는 소셜미디어만이 아닌, 마케팅적인 무대와 환경으로 페이스북을 바라보고, 내 비즈니스 마케팅을 추출하고 적용하고 실험해 보라. 어마어마한 마케팅 광맥을 발견하게 될 것이다.

facebook Community Update

1.49 Billion
people on Facebook each month

800 Million
people on Whatsapp each month

700 Million
people on Messenger each month

300 Million
people on Instagram each month

1.5 Billion
searches daily

1 Billion
people offered access through Internet.org

850 Million
people using Groups on Facebook

450 Million
people using Events on Facebook

40 Million
small businesses using Pages

Facebook

- 페이스북은 세일즈다

페이스북은 구매 전환율이 낮고, 판매가 잘 안 된다고 자주 말한다. 실제로 페이지에 재밌는 사진, 멋진 디자인의 제품을 포스팅하면 그 반응은 폭발적이다. 하지만 판매를 유도하면 반응이 급격히 감소하는 현상을 보인다. 또한, 페이스북에는 쇼핑몰 기능이 없다. DR마케팅(Direct Marketing)이 제공되지 않는다. 이러한 측면에서 페이스북의 세일즈에 대한 평가가 좋지 않은 것은 사실이다.

그런데도 페이스북은 강력한 세일즈 무기이다. 페이스북에서가 아닌 페이스북을 통한 구매와 매출 규모가 어마어마하다. **페이스북 광고를 통한 쇼핑몰 구매전환이 기대 이상으로 효과적이다. 강력한 타겟팅에 의한 페이스북 광고는 강력한 세일즈를 보장해 준다. 국내 마케팅이 대부분 의존하였던 온라인 키워드 CPC 광고, 블로그 마케팅 시장의 절반 정도가 페이스북 광고로 이사하고 있다.**

페이스북 광고를 집행하는 기업 대부분은 페이스북 광고만 한다. 왜 그렇게 하느냐고 물어보니, 페이스북 광고에서 매출의 절반 이상이 나오기 때문이라고 답했다. 광고 보고서와 쇼핑몰 통계를 살펴보니 사실이었다. 페이스북 광고를 집행하면 매출 그래프가 상승하고, 광고를 멈추면 그래프도 멈춘다. 즉 페이스북 사용자들에 의해서 매출 그래프가 달라진다는 것이다. 쇼핑몰에 페이스북 사용자가 몰려가면 매출이 상승한다.

페이스북의 쇼핑몰 기능을 그룹에서 찾았다. 아마도 이 책이 출판되었을 때는 국내 페이스북에도 판매그룹에서 직접 판매가 이루어질 것이라고 기대한다.

페이스북에서 구매전환, 매출증대를 위해 씨름해 보라. 페이스북에서 세일즈를 완성해 보라. 페이스북에서 세일즈 목표를 이루기 위해 노력해 보라.

• 페이스북은 비즈니스다

대부분의 기업 비즈니스는 홈페이지라는 온라인 공간에서 진행되었다. 이제는 모바일 속 소셜 공간이 최고의 비즈니스 공간인 시대이다. 소셜 공간을 내 비즈니스 공간으로 만들지 않으면 안 된다. 페이스북은 전 세계 경제활동인구 절반이, 내국인 절반이 사용하는 최고의 비즈니스 공간이다. 페이스북의 Active Viral한 전파 속성은 단기간 저비용으로 내 비즈니스 브랜딩에 최고 효과가 있다.

페이스북에서는 날마다 기적이 일어난다. 포스팅 폭발의 기적이다. 글 하나가 대한민국 사람 100만, 200만, 300만 명의 페이스북 사용자 뉴스피드에서 바이럴 돌풍을 일으키고 있다.

비즈니스의 안경으로 페이스북을 바라보고 연구하라. 페이스북이 당신 사업의 훌륭한 파트너가 되어 있을 것이다.

• 페이스북은 커뮤니티다

마케팅 세계에 입문하고 가장 부러운 것이 잠재 고객 커뮤니티를 만든 사람들이었다. 그들은 잠재 고객 커뮤니티에서 곶감 빼먹듯이 매출을 뽑아먹고 있다. 각종 커뮤니티는 잠재 고객 덩어리이다. 페이스북은 3종 세트를 통해 잠재 고객집단의 커뮤니티를 형성해 나갈 수 있다.

첫째, 개인 계정인 프로필에서 페친들을 내 마케팅의 응원군과 후견인이면서 고객으로 만들 수 있다. 자기 전공을 살린 개인 **Self Branding**으로 페친들을 잠재 고객화할 수 있다.

둘째, 페이지를 통해 내 비즈니스 콘텐츠에 반응하는 좋아요 팬그룹을 구성하여 잠재 고객 커뮤니티를 만들 수 있다.

셋째, 그룹에서 타겟 그룹 커뮤니티를 만들 수 있다. 페이지는 일방적으로 팬들에게 하는 비즈니스라면, 그룹은 함께하는 커뮤니티를 만들 수 있다. 그룹의 커뮤니티 능력에 주목할 필요가 있다. 수많은 포털의 카페들이 페이스북 그룹으로 서서히 이사를 오고 있다.

페이스북은 풍성한 커뮤니티 공간을 제공해 준다. 또한, 다양한 커뮤니티 무대를 만들어 준다. 페이스북을 내 비즈니스의 커뮤니티로 바라보라. 낯익은 고객들의 얼굴이 떠오를 것이다.

1-5 페이스북 마케팅의 원석을 캐다

페이스북에 마케팅 개념을 도입하니 소셜 환경을 파괴한다고 걱정하는 사람들이 있었다. 걱정하지 마시라! 페이스북은 소셜 환경을 가장 잘 유지하는 정책을 펼치고 있다. 페이스북 표준규칙은 실명계정을 가장 중요한 규칙으로 운영하고 있으며, 실제로 가명, 닉네임, 별명, 상호명을 쓰면 계정 삭제 및 계정 비활성화를 통해 소셜 환경을 최적의 상태로 유지하고 있다.

이런 조치를 하고 있는 다른 소셜미디어가 있을까? 대부분 가명으로 닉네임으로 소셜 환경을 쓰레기로 만들지 않던가? 또한, 페이스북 마케팅에 있어 소셜 환경을 저해할 요소에 대해서는 기능을 제한하는 등 조치를 하고 있다. 우리는 페이스북 기능이 허용하는 한에서 최대한 마케팅적 결과를 만들어 내야 한다. 그리고 페이스북은 이미 소셜미디어에서 비즈니스 플랫폼으로 진화를 거듭하고 있다.

페이스북 마케터는 페이스북을 움직이는 인공지능 알고리즘을 알아야 한다. 이 인공지능 알고리즘 덩어리에서 마케팅 원리와 방법들이 산출되기 때문이다.

페이스북 인공지능 알고리즘 시스템 속에서 발견한 키워드들인 '마케팅 원석'들을 정리하였다. 이 키워드 원석들을 가공해서 실전 페이스북 마케팅법이 만들어진 것이다. 이 원석들이 마케팅 요리 재료들이다. 페이스북은 부품 발명 공장과 같다. **페이스북이 발명해 놓은 이 부품들을 조합하면 "하버드급 인공지능 마케팅 로봇"을 생산해 낼 수 있다.**

• TARGET

타겟 기능은 일반 SNS에서는 눈 씻고 봐도 없고 오직 페이스북에만 있는 독창적인 것이다. 불특정 다수에게 마케팅하는 일방적 'Push Marketing'이 아니라 내 비즈니스에 맞는 사람들을 특정하여 마케팅하는 '타겟 마케팅'을 가능하게 실현해 준다. 페이스북 마케터는 페이스북이 어떻게 타겟을 특정하여 추적하는지 파악할 필요가 있다.

첫째, 페이스북은 사용자들의 정보를 모으고 분석하는 빅데이터 기능은 물론 그 빅데이터를 상호 연결(GRAPH)하는 시스템 체계이다.

페이스북은 풍성한 Social Graph를 위해 나이, 지역, 직장, 학교, 종교, 연애관계 등 개인정보를 가장 많이 요구한다. 이것이 SNS로서의 풍성한 경험을 위한 Social Graph를 만드는 페이스북만의 지능화된 시스템 체계이다.

바로 이 시스템 덩어리가 마케팅으로 각색되면 '타겟팅의 원석'이 된다. 나이 타겟, 지역 타겟, 직장 타겟, 학교 타겟, 종교 타겟, 연애관계 타겟이라는 획기적인 마케팅적 타겟팅 기반이 만들어진다. 실례로 개인 계정 프로필 정보에서 특정 학교를 입력해 보라. 곧 '알 수도 있는 친구'에 특정 학교와 연관된 사람들의 프로필 사진들이 올라올 것이다. 즉 페이스북 사용자의 기본 정보는 타겟 마케팅을 위한 연결 고리가 된다. 이 타겟 연결 고리를 통해 타겟 구성을 이룰 수 있다.

둘째, 페이스북의 가장 큰 타겟팅 시스템으로는 페이스북 광고 시스템이 있다.

페이스북의 빅데이터는 그야말로 슈퍼 빅데이터이다. 페이스북은 프로필 정보뿐만 아니라 페이스북 내에서 사용자의 행동, 즉 어떤 페이지를 좋아요하는지, 어느 그룹에 가입해 활동하는지, 어떤 콘텐츠나 광고에 반응하는지, 그리고 페이스북 외 온라인 행동, 모바일 앱 활동을 분석하고 빅데이터화로 만들어 페이스북 광고에서 맞춤 타겟과 관심사 타겟으로 최적화해 준다.

페이스북 마케팅에 있어 '타겟 마케팅' 없는 마케팅 방법은 팥 없는 찐빵이다. 즉 어떻게 타겟팅하는가에 마케팅의 성패가 달려 있다는 것이다. 페이스북 마케팅 전문가가 되려면 먼저 페이스북에서 타겟, 타겟팅 시스템이 작동하는 원리를 찾아 따라가 보라. 그리고 직접 실험해 보라.

• 타겟팅 시스템

페이스북에는 인공지능적으로 작동하는 기능들이 있다. 바로 페이스북 마케터들이 활용할 수 있는 최고의 기능인 인공지능적으로 작동하는 타겟팅 시스템이다.

페이스북 사용자가 입력하는 프로필 기능은 단순히 이력서 정보를 모으는 창고가 아닌, 사용자 정보를 기반으로 정보에 관계된 사람들을 추적하는 인공지능이 작동하며, 마케팅적으로는 타겟 추적으로 활용할 수 있다. 즉 페이스북 사용자가 직장 정보를 입력하면 그 정보를 근거로 같은 직장을 입력한 사람과의 상호 관계성을 추적한다. 그리고 '알 수도 있는 친구'로 상호 노출하여 친구관계 형성을 유도한다. 페이스북 마케터는 이 기능을 사용하여 페친들을 내 비즈니스의 타겟들로 구성되게 유도할 수 있다.

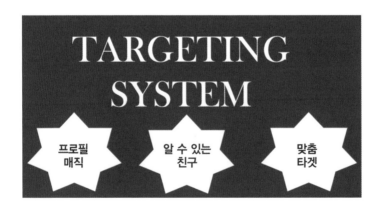

페이스북 광고의 '맞춤타겟' 기능은 타겟 데이터를 활용하는 유사타겟과 특정 웹페이지와 앱에 픽셀(pixel) 설치 후 웹과 앱 방문자를 타겟으로 추적해 리마케팅을 가능하게 해 준다. 이러한 페이스북의 타겟팅 시스템을 마케팅에서 활용하면 최신 타겟 기반의 마케팅이 가능하다.

- ### Biotope(타겟 군락지)/Target Data/Target Seeds

Biotope은 일본의 유명 IT 저널리스트 사사키 도시나오가 2012년 〈큐레이션의 시대〉라는 책을 통해서 새롭게 사용하였다. 비오톱(Biotope)은 생태학(Ecology)에서 사용하는 개념으로 "같은 환경 안에서 서식하는 식물과 동물의 특정집단들"을 뜻하는 용어로 "고객이 모여 있는 곳"으로 고객 군락지, 타겟 군락지를 말한다.

페이스북은 최적의 Biotope 환경으로 잠재 고객 관리 시스템을 제공한다. 개인 계정에서 페친들을 타겟 군락지화할 수 있고, 페이지에서 좋아요 팬들을 타겟 군락지화할 수 있고, 그룹에서 회원들을 타겟 군락지화할 수 있다. 또한, 운영하는 홈페이지와 쇼핑몰, 그리고 매장의 회원관리 프로그램을 통해 타겟 군락지를 형성할 수 있다. 이러한 내 비즈니스

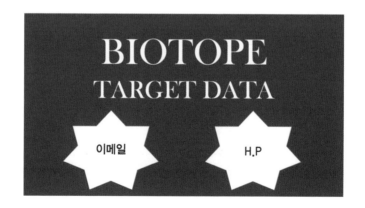

Biotope에서 타겟 데이터가 되는 이메일과 휴대전화번호를 확보하여 페이스북 마케팅에 사용할 수 있다. 필자는 이 타겟 데이터를 Target Seeds 라고 한다.

　내 비즈니스와 관련된 고객 군락지로부터 확보한 타겟 데이터(이메일, 전화번호 등)를 활용하여 타겟을 잠재 고객으로 관리하고, O2O 구매전환에 효과적으로 활용할 수 있다. 세계적으로「개인정보보호법」이 날로 강화되고 있다. 국내에도 2014년 11월「개인정보보호법」개정안으로 사전 동의 없이 보내는 이메일과 문자를 스팸으로 규정하여 강력하게 처벌하고 있다. 날로 마케팅 환경이 위축되는 상황에서 페이스북 마케팅 시스템은 숨통을 틔워주는 역할을 한다. 페이스북 마케팅 시스템은 타겟 마케팅에 최적화되어 있다. 이제는 페이스북이 내 비즈니스와 관련된 타겟 데이터를 사용하여 마케팅할 수 있는 마지막 영역으로 예상한다.

• LOCAL

지역 기반 오프라인 매장을 운영하는 분들은 무조건 페이스북 마케팅을 하는 페이스북 마케터가 되어야 한다. 페이스북은 지역 기반 사용자를 대상으로 마케팅할 수 있는 강력한 마케팅 도구이다.

페이스북은 PC 기반에서 실시간 위치기반 모바일 앱으로 변모하며, 체크인 기능, 주변 지역, 근처 친구, 주변 지역에 광고하기 등 내 매장 주변 지역 타겟을 공략할 수 있는 기능을 계속 제공해 주고 있다.

페이스북 광고 시 내 가게를 중심으로 1 km부터 광고 지역을 설정할 수 있다. 즉 내 가게 주변 지역 타겟들을 공략할 수 있다. 또한, "주변 지역에 홍보하기"라는 광고 목표가 생성되어 식당, 카페, 병원, 정치, 종교 등 지역 기반의 비즈니스를 위한 최적의 마케팅 환경과 도구를 제공해 주고 있는 것이다.

· BRANDING

페이스북은 유일한 실명기반 SNS이다. 실제 자기 얼굴, 실제 자기 이

름으로 활동하는 오픈형 SNS로, 실제 존재 인물과 페친으로 소통하며 자신의 전문 분야를 브랜딩할 수 있다. 페친 5,000명 이상 팔로워로 확장이 가능해 수만 명에게 셀프브랜드 영향력을 펼칠 수 있다.

프로필에서는 셀프브랜딩(self branding)과 페이지에서는 기업브랜딩이 가능하다. 또한, 기업브랜딩에 있어서 단순히 기업 페이지가 아닌 개별 상품 브랜드로 페이지 개설이 가능해 스베누, 허니버터칩처럼 특정 상품으로 개별 브랜딩 마케팅을 진행할 수 있다. 페이스북은 제한 없는 브랜딩이 가능하다.

• ACTIVE VIRAL

요즘 트위터, 인스타그램, 카카오스토리, 빙글 등 다양한 SNS가 인기를 끌고 있다. 하지만 이 후발주자들도 페이스북을 능가할 수 없는 요소가 있다. 바로 "도달/확산 알고리즘"이다. 페이스북의 확산 알고리즘은 사용자의 좋(아요)/댓(글)/공(유) 행동을 기반으로 자동 확산 노출해 준다. 오픈형 페이스북은 사용자의 모든 행동들을 형성된 친구 관계 기반에 자동 확산 노출을 하여 기하급수적 확산, 즉 Active Viral을 만들어준

다. 페이스북 광고에서도 일방적인 광고주의 Push 메시지가 아닌 친구의 좋아요 목소리를 통한 Viral 광고의 형태로 노출된다. 페이스북은 강력한 Active Viral 로봇이다.

• ACTIVE USER

페이스북 사용자만큼 충성도 있게 훈련받고 자발적으로 반응해 주는 사용자가 또 있을까? 매일 페이스북에 출근하는 사람만도 8억 9천만 명에 달한다. 하루에 30억 번 동영상을 보고, 사진 20억 장을 올리며, 70억 번 '좋아요' 단추를 눌러준다. 내 비즈니스 마케팅에 가장 우호적이고 적극적인 동반자가 페이스북 사용자다. 특히 페이스북 사용자의 행동 패턴을 보면 뉴스피드에 올라온 포스팅을 보고 좋아요 하며 공감해 주고, 태그 또는 공유로 페친들에게 확산해 주고, 댓글로 친구를 태그하여 "같이 먹으러 가자, 같이 사자" 댓글로 공동구매를 자체 형성한다. 페이스북 마케터들에게는 자발적 Active User를 어떻게 움직이느냐에 마케팅 성과가 달려 있다.

- GRAPH

페이스북의 비전은 "사람과 세상을 연결(Graph)하기"이다. 페이스북의 주요 용어에는 Social Graph (소셜 그래프), Open Graph (오픈 그래프), Graph API (그래프 API) 등, Graph가 자리한다.

실제 페이스북은 인류의 절반을 페이스북으로 Graph 하였고, Graph API를 통하여 WEB과 APP, 오프라인, 사물인터넷을 통하여 세상을 Graph하고 있다.

즉 Graph에는 페이스북 중심의 세상이 들어 있다. 페이스북은 인터넷의 한 부분에서 인터넷 전체를 통합하여 페이스북이 곧 인터넷인 세상을 꿈꾸고 있다. 페이스북으로 모든 것을 통합하고 있다.

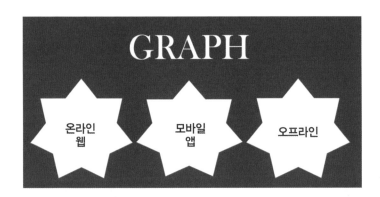

- NETWORKS

　마케팅은 외로운 작업이다. 하지만 페이스북 마케팅은 네트워크 협업으로 함께하는 마케팅을 할 수 있다. 페이스북의 친한 친구, 페이지의 알림받기 그리고 먼저 보기 기능을 사용하여 함께 반응하는 좋(아요)/댓(글)/공(유) 네트워크를 전 직원, 프랜차이즈 전국 지점들이 함께 네트워크를 형성하여 브랜딩 및 각종 이벤트를 Active Viral하게 확산하며 진행할 수 있다. 무엇보다도 오프라인 매장 비즈니스는 매장 방문 고객 대상으로 좋(아요)/체(크인)/리(뷰) 네트워크를 구성하여 고객, 즉 좋아요 팬 네트워크를 형성하여 타겟군으로 페이스북 마케팅을 지속해서 진행할 수 있다.

세계적인 마케팅 전문가 데이비드 오길비는 "광고 헤드라인이 매출에 도움이 되지 않는다면 당신은 예산의 80%를 낭비한 것이다"라는 유명한 말을 남겼다.

1. 숫자에 제한이 있습니다

▶ "선착순"을 나타내는 문구로 서두르게 하기
　　예) 선착순 10명입니다.
　　　　재고가 없을 때는 주문이 불가능하므로 자동취소됩니다.

2. 대부분의 사람들이 구매합니다

▶ "편승효과"로 이것을 놓치면 뒤떨어진 사람이라고 생각하게 하는 수법
　　예) 최근 한 달 동안 수천 명이나 되는 분들이 회원으로 가입하셨습니다.
　　　　지금 서두르세요!

3. 진가를 알아보시는 건 ○○○분들뿐입니다

▶ 읽는 사람의 자부심이나 자존심을 자극
  예) 물론 이 진가를 제대로 이해하시는 분들은 극히 제한되어 있습니다.
  이 안내문도 고심 끝에 선별된 분들께만 보내드리고 있습니다.

4. 제한된 분들에게만 구매 자격이 있습니다

▶ 엘리트 집단에 속하고자 하는 인간의 욕망에 어필
  예) 저희 비즈니스 스쿨은 기존 회원님들께 추천을 받으신 분들만
  회원등록이 가능하십니다.

5. 경품을 제공해 드립니다

▶ 효과적인 경품 제공으로 50% 실적 상승
  예) 15일 이내에 주문하실 경우 경품을 무료 증정해 드립니다.
▶ 경품 한 개의 반응이 괜찮다면 두 개인 경우 더욱 효과 상승
  예) X만 원까지 주문 시 경품 한 개, Y만 원 이상 주문 시 경품 두 개를
  증정해 드립니다.

6. 빠른 사람에게는 할인, 늦은 사람에게는 페널티

▶ 다양한 선행 예약 접수에 응용
  예) 1월 15일까지 신청할 경우: 한 사람당 1만5천 원
  1월 15일 이후부터 2월 10일까지 신청할 경우: 한 사람당 2만 원
  세미나 당일 신청 시: 한 사람당 3만 원

〈세일즈 레터 & 카피라이팅〉, 덴 케네디 저, 2014, 리텍콘텐츠 참고

마케팅의 목적은 소비자들의
충족되지 못한 욕구를 발견하고
이를 충족할 방법을 마련하여
판매를 불필요하게 하는 것이다.

−피터 드러커

제2부

페이스북 마케팅
OPT-IN 컨설팅

f

OPT-IN은 「개인정보보호법」에서 사전동의를 나타내는 말로 수신자의 허락을 얻은 경우에만 광고 메일을 발송할 수 있도록 하는 스팸 메일 규제 방식을 표현하는 전문 용어이다. 사전 비동의는 OPT-OUT이다.

OPT-IN은 특정 사이트 또는 서비스 가입 시 '동의한다'의 의미로 사용된다. 페이스북 가입 시에도 OPT-IN을 한 후 가입한다. 페이스북은 이름, 전화번호, 이메일, 생년월일, 직장, 학교, 거주지, 종교, 연애관계 등 가장 많은 정보를 수집한다. 페이스북 사용자는 무료로 페이스북을 사용하는 것이 아니다. 자신의 정보를 팔아 페이스북을 사용하고 있다고 말할 수 있다.

참 고마운 것은 전 세계 경제활동인구 절반의 정보를 페이스북은 독점하지 않고, 페이스북 마케터들에게 비즈니스 마케팅 활용 방식으로 제공한다는 점이다. 페이스북은 사용자의 정보를 페이스북 광고에 활용한다. 즉 페이스북 마케팅은 OPT-IN 마케팅이다. OPT-IN 마케팅은 사용자의 정보 기반 타겟 마케팅이다. 페이스북 마케팅이 중요한 이유이다.

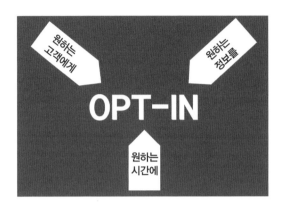

OPT-IN 마케팅은 "원하는 고객에게, 원하는 정보를, 원하는 시간에" 진행할 수 있다. 원하는 고객에게, 원하는 정보를, 원하는 시간에 주는 것은 단연 최고의 마케팅 기법이다.

"원하는 고객"은 '타겟'이다.
"원하는 정보"는 '콘텐츠'이다.
"원하는 시간"은 '시간, 이벤트 O2O'이다.

페이스북 마케팅을 관통하는 줄기는 OPT-IN 마케팅 시스템이다. 또한, 페이스북 광고 순서도 OPT-IN에 최적화되어 있다. 광고를 만들려면 첫 작업으로 타겟을 설정해야 한다. 다음으로 광고 콘텐츠를 정하고, 마지막으로 최적의 광고 노출 시간을 지정한다.

페이스북 마케팅을 최적화하고 효과를 보기 위해서는 내 사업을 OPT-IN 3단계로 컨설팅하여 페이스북 마케팅을 진행해야 한다.

2-1 원하는 사람에게 "타겟"

　내 사업, 내 상품, 내 서비스를 원하는 고객은 누구인가? 그 사람이 바로 타겟이다. **사업하는 데 불특정 다수에게 마케팅하는 것처럼 어리석은 짓이 없다.** 고비용 저효율이 보장되기 때문이다. 안타까운 것은 마케팅 시장은 불특정 다수에게 마케팅할 수밖에 없다는 현실이다. 지금까지 내 비즈니스를 원하는 사람에게만 타겟팅할 수 있는 마케팅 플랫폼이 없었다.

　그러나 이제는 달라졌다. 페이스북은 시스템 설계 자체가 타겟 기반의 플랫폼이다. 페이스북 마케팅을 진행하면서 타겟팅을 최적화하지 못하면 항공모함을 고깃배로 사용하는 것과 같다. 페이스북 마케팅에서 최우선으로해야 할 작업은 내 마케팅 타겟을 구체적으로 특정하는 것이다. 수많은 사람들을 교육하면서 알게 된 사실은 뜻밖에 마케팅 타겟이 누구인지 정리한 사람들이 적다는 것이다.

- 인구통계학적 타겟

페이스북은 나이, 성별, 거주지, 학교, 직장, 종교, 연애관계 등 OPT-IN된 정보를 통해 타겟을 추적하고 특정하여 마케팅을 진행할 수 있게 도와준다.

내 사업의 인구통계 타겟을 정리해 보자.

	MY TARGET
인구통계 타겟 (나이/성별/지역/기타)	

- 키워드 타겟

인터넷은 키워드 공화국이다. 수많은 키워드들로 검색이 이루어지고 키워드들로 연결된 세계이다. 가늠할 수 없는 인터넷 공간에서 키워드는 등대와 같은 영향력을 갖는다. 사람들이 키워드 검색에 맹종할 수밖에 없는 이유다.

포털 정보 밀림 속에서 내 고객이 될 타겟들이 어떤 키워드를 사용해서 검색해야 내 홈페이지(쇼핑몰, 블로그, 카페 등)의 품속으로 들어올 수 있을까? 정말 중요한 과제이다. 포털에서 기본적으로 제공하는 키워드

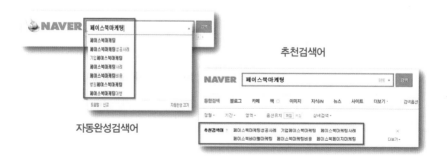

자동완성검색어

추천검색어

분석 툴을 사용하여 메인키워드, 자동완성검색어, 연관검색어를 추출하고 일간, 월간, 연간 조회수를 분석하여 10개 내외로 선발하는 것이 좋다. 선발된 키워드로 홈페이지, 쇼핑몰, 블로그, 카페, 지식인 등 온라인 검색 엔진 최적화(Search engine optimization, S.E.O)가 이루어져야 한다. 즉 키워드 타겟군을 위한 키워드 그물설치작업은 필수다.

일관된 온라인 키워드 사용과 소셜에서의 #해시태그 사용은 내 타겟들에게 일관된 브랜드 인식 효과를 준다.
내 사업키워드들을 정리해 보자.

고객이 어떤 키워드를 검색해야 나에게로 올 수 있는가?

구분	MY TARGET
메인검색어	
자동완성검색어	
추천검색어	
트렌드검색어	

최근 키워드는 소셜 시대로 전환되면서 #해시태그로 옷을 갈아입고 있다. 인스타그램, 페이스북, 카카오톡 등 #해시태그 전쟁이 벌어지고 있다. **페이스북 마케팅에 있어 #해시태그는 필수다. 페이스북과 자사 플랫폼인 인스타그램이 #해시태그로 연동된다.**

- 타겟 군락지(Biotope)를 찾아라

인구통계학적 타겟, 키워드 타겟 정리가 끝났다면, 내 비즈니스 타겟들이 몰려 있는 타겟군, 즉 타겟 군락지(Biotope)를 찾아 타겟 데이터를 확보해야 한다. 내 비즈니스용 카페, 블로그, 홈페이지, 쇼핑몰을 운영한다면, 그곳을 바로 내 타겟들이 몰려 있는 Biotope 시각으로 바라보자. 페이스북에서는 타겟 데이터가 아주 요긴하게 사용될 것이다.

국내외적으로 「개인정보보호법」이 강화되면서 타겟 데이터를 사용하여 이메일, 문자 발송을 통한 마케팅은 한계점에 도달하였다. 그러나 페이스북에서는 타겟 데이터를 개인 계정, 페이지, 그룹, 페이스북 광고 맞춤타겟으로 사용하는 기법들이 있다.

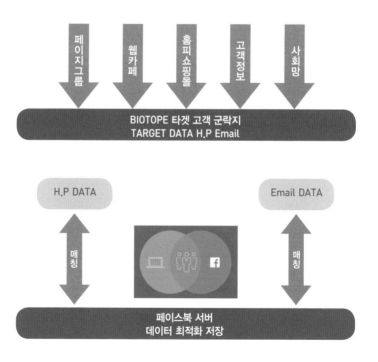

내 마케팅 영역에서 Biotope을 찾아 타겟 데이터를 확보하자.

구분	MY BIOTOPE
페북페이지	
페북 그룹	
N카페	
홈페이지	
쇼핑몰	
고객정보	
사회적관계망	

2-2 원하는 정보를 "콘텐츠"

오프라인 마케팅 시대에는 상품을 직접 보여주었다면, 온라인, 소셜마케팅 시대에는 정보를 원한다. 즉 콘텐츠 마케팅 시대이다. 이제는 단순히 기능과 효능이 아닌 감성적인 요소까지 가미된 이미지 콘텐츠가 핵심 마케팅으로 자리 잡았다. 페이스북은 콘텐츠 마케팅 공간 저장소이다. 페이스북은 글보다 이미지화된 콘텐츠에 최적화되어 있다. 사용자들은 글보다 먼저 이미지에서 평가를 내린다. 이제 페이스북 마케팅은 콘텐츠 전략으로 접근해야 한다.

• 나 콘텐츠(self contents)

사람들은 소셜 활동을 하면서 많은 정보를 얻는다. 소셜 활동을 하는 일반 사용자도 페이스북 마케터도 자신도 모르게 마케팅적 행동을 하고 있는 것이다. 즉 **나도 하나의 마케팅 상품, 곧 콘텐츠다. 내 이름, 내 직업, 내 취미가 바로 마케팅 콘텐츠다. 나를 슬기롭게 팔아야 한다. '나 브랜딩(personal branding)'** 마케팅을 해야 한다.

나를 팔기 위한 마케팅을 설계해 보자.

구분	MY BRANDING
브랜드	
캐릭터	
콘텐츠	

• 페이지 콘텐츠

페이스북은 페이지라는 공간에서 기업 브랜드를 담아 고객들에게 전달되도록 하였다. 페이스북이 기업들에 주는 선물이다. 기업들은 최대한 이미지 표현의 언어로 고객들에게 최대한의 정보, 효과적인 콘텐츠 생산에 심혈을 기울여야 한다. 페이지를 만드는 것은 누구나 5분도 안 걸려서 만들 수도 있다. 하지만 페이지를 만들 때 많은 시간을 들여 최대한 집중하자. **페이지를 만드는 일은 회사의 운명을 가르는 작업이 될 수도 있기 때문이다. 많은 회의를 통해 표출해야 할 콘텐츠를 정하자.**

내 사업의 페이지 마케팅을 설계해 보자.

구분	BRANDING
페이지 종류	지역비즈니스 또는 회사
브랜드	
캐릭터	
콘텐츠	

페이스북 마케팅에 있어서 이미지는 마케팅의 절반과도 같다. 또한, 프로필과 커버포토 이미지가 마케팅의 전부라 해도 과언이 아니다. 특히 페이지를 대표하는 이미지는 프로필이다. 비록 사이즈는 180×180 픽셀에 불과하지만 마케팅적 가치는 최전방에서 마케팅을 주도한다고 봐야 한다.

2-3 원하는 시간에 "O2O"

페이스북이 최고의 마케팅 도구인 이유는 시간을 제어하기 때문이다. 페이지에는 포스팅을 예약할 수 있고, 페이스북 광고에는 광고 예약과 활성 시간을 조절할 수 있다. 페이스북 마케터는 마케팅 시간의 전문가가 되어야 한다.

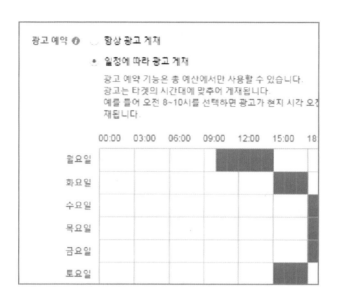

광고 예약 ❶ ○ 항상 광고 게재
● 일정에 따라 광고 게재

광고 예약 기능은 총 예산에서만 사용할 수 있습니다.
광고는 타겟의 시간대에 맞추어 게재됩니다.
예를 들어 오전 8~10시를 선택하면 광고가 현지 시각 오전
재됩니다.

	00:00	03:00	06:00	09:00	12:00	15:00	18
월요일							
화요일							
수요일							
목요일							
금요일							
토요일							

마케팅 시간과 함께 일명 "꺾는 이벤트"가 필요하다. 미끼 이벤트를 통해 고객의 구매 결단을 압박해야 한다. 페이스북 마케터는 TV 홈쇼핑을 관찰할 필요가 있다. 쇼호스트들이 그 짧은 시간에 수십억 원의 매출을 올리는 현란한 언변을 늘어놓고, 그리고 각종 혜택 이벤트들로 보는 시청자들의 뇌를 마비시키고, 이성을 잃게 해 집단 최면의 몽롱한 상태에서 매출 그래프를 폭발시키지 않는가!

구분	구매전환 O2O 전략
이벤트	
서비스	
공동구매	

성공하는 기업은
잠재 고객의 기억 속에
'한 단어'를 심어놓는다.

−잭 트라우트, 〈마케팅 불변의 법칙〉

제3부

고객을 불러오는 페이지 운영 및 실전 마케팅 방법

f

페이스북 3종 세트는 프로필, 페이지, 그룹으로 정의할 수 있다. 이들은 SNS의 영역을 넘어 마케팅의 공간으로 변모하였다. 개인 계정은 친구 관계를 통한 신뢰 마케팅 공간이며, 페이지는 브랜딩을 위한 콘텐츠 마케팅 공간이며, 그룹은 커뮤니티 마케팅 공간에서 판매 그룹 공간이 되었다. 즉 페이스북 3종 세트는 그 자체로 마케팅을 위한 노다지 밭이다.

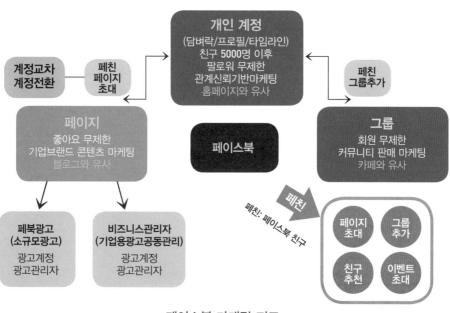

페이스북 마케팅 지도

사업 업종에 따라 마케팅 영역이 달라진다. 아무쪼록 이 책을 읽는 독자들이 페이스북 마케팅을 통해 사업에서 노다지 캐기를 기원한다.

　페이지는 페이스북에 2007년 11월 출시되었다. 페이스북에 있어 페이지는 신의 한 수였다. 기업들을 페이지로 끌어들여 페이스북이 거대한 비즈니스의 장으로 탈바꿈하게 된 것이다.
　기업들이 돈을 트럭째로 페이지에 쏟아 붓고 있다. 페이스북의 매출 대부분은 페이지에서 나온다. 회사마다 페이지를 모으기 위해, 페이지 포스팅 확산을 위해, 홈페이지, 쇼핑몰 구매 전환을 위해 막대한 광고비를 쏟아 붓고 있다.

　페이지는 페이스북 마케팅의 핵이다.
　페이지는 페이스북 마케팅의 필수 조건이다.
　페이스북 내에서 기업체의 홍보 등을 하기 위해서는 페이지를 만들어야한다.
　페이지가 없으면 페이스북 광고를 진행할 수 없다.

인기 페이지 통계

• 전 세계 페이지

사진 출처: http://pasoworld.tistory.com/91

전 세계에서 가장 많은 팬 수를 가진 기업은 코카콜라다. 96,067,795명(2016년 1월)으로 곧 좋아요 1억 명 팬을 달성할 코카콜라 페이지는 놀랍게도 코카콜라 회사에서 출발하지 않았다. 코카콜라를 좋아하는 더스티(Dusty)와 미첼(Michael)이라는 두 젊은이로부터 시작하였다. 코카콜라는 코카콜라 페이지가 있는 사실을 나중에 알았다. 더 놀라운 것은 코카콜라는 페이지를 빼앗거나 구매하거나 새롭게 공식 페이지를 만들지 않았다. 이 두 사람에게 코카콜라 페이지 관리를 맡긴 것이다. 바로 팬에 의한, 팬을 위한, 팬의 코카콜라 페이지가 만들어져, 지금의 코카콜라 페이지가 완성된 것이다.

• 국내 페이지

국내 페이지는 한류 열풍에 힘입어 배우 이민호(16,856,216명)가 부동의 1위를 고수하고 있으며, 가수 싸이와 그룹 빅뱅이 그 뒤를 따르고 있다. 한류에 의한 페이지들이라고 해도 과언이 아니다.

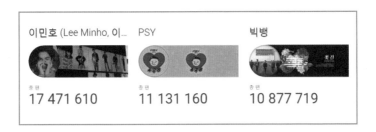

국내 페이지 중에서 의미 있는 페이지가 있다. 바로 '오늘 뭐 먹지?' 페이지다. 연예인, 기업이 아닌 일반인이 운영하는 페이지 중 가장 인기가 높고, 가장 큰 가치가 있는 페이지다. 누구든 능력을 발휘할 수 있는 무대가 또 페이스북의 페이지다. 한 대학의 광고홍보학과 학생들이 '오늘 뭐 먹지?' 페이지의 의미에 대한 필자의 강의를 듣고 도전을 불태웠던 적이 있었다. 이렇게 페이지는 사람들에게 꿈을 심어 주기도 한다.

끌리는 페이지 만들기

• 페이지 설계하기

페이지 만들기는 간단하다. 하지만 어떻게 만드는가가 중요하다. 실제 페이지는 만들기까지 채 1분도 안 걸린다. 먼저 운영할 페이지의 대략적인 뼈대를 그려야 한다.

구분	BRANDING
페이지 종류	
브랜드	
캐릭터	
콘텐츠	

- 페이지 종류: 페이지 카테고리 선택
- 브랜드: 페이지 이름
- 캐릭터: 페이지 프로필 사진으로 페이지를 대표
- 콘텐츠: 포스팅할 콘텐츠 주제

페이지를 만들기에 앞서 페이지를 설계해야 한다. 사실 페이지 만들기는 많은 시간이 소요되지 않아 1분 안에도 만들 수 있다. 페이지에 대한 전략적인 접근이 필요하다.

첫째, 페이지 종류와 카테고리를 결정해야 한다. 비즈니스 또는 브랜드, 커뮤니티 또는 공인의 두 카테고리 중에서 선택한다.

둘째, 브랜드명인 페이지 이름을 결정한다. 기업 페이지의 경우 기업명을 사용하는 것이 좋다.

셋째, 페이지 프로필 사진인 캐릭터를 구상한다. 회사 로고를 사용하는 것이 좋으나, 로고가 정사각형이 아닌 경우 프로필에 맞게 제작해야 한다. 제작 시 이미지와 텍스트를 조합하여 만드는 것이 좋다.

넷째, 콘텐츠에 대해 구상해야 한다. 메인 콘텐츠 제작, 포스팅 횟수 등에 대한 계획을 수립하고 페이지를 운영하는 것이 좋다.

• 페이지 만들기

페이지를 만들어보자. 이전에는 페이지를 기업 이메일 계정을 이용하여 기업 페이지를 생성할 수 있었으나, 지금은 정책이 바뀌어 무조건 개인 계정에서 페이지를 생성한 후 관리해야 한다.

• 페이지 카테고리

페이지는 두 가지로 분류되며 하위에 세부 카테고리를 설정할 수 있다. 페이스북이 대단하다는 것을 느낄 수 있는 부분이다. 카테고리 별로 세부 항목이 나르나. 카테고리 업종에 맞추어 비즈니스 또는 브랜드, 커뮤니티 또는 공인 중 선택한 뒤 페이지의 이름과 카테고리를 추가해 세부 정보를 입력한다. 정말 친절한 페북씨다. 페이지 카테고리는 언제든지 원하는 카테고리로 변경 가능하다.

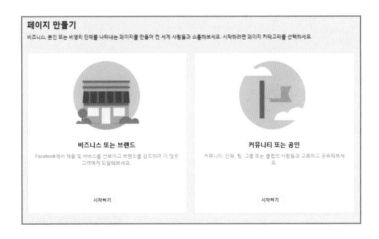

페이지의 카테고리에 따라 다른 기능이 제공된다. 다음 표는 페이지 카테고리(가로)별로 제공되는 기능(세로)을 설명한 것이다. 눈여겨볼 것은 지도와 체크인과 리뷰이다. 이 기능들은 페이지 마케팅에서 아주 중요한 기능들이다. **매장을 운영하는 사업자의 경우 지역 비즈니스로 카테고리를 설정해야 지도, 체크인, 리뷰 기능이 활성화되어 고객 참여 페이지를 운영할 수 있다.**

	책과 잡지, 브랜드 및 제품	회사 및 단체	지역 비즈니스	영화, 음악, TV	사람, 스포츠	웹사이트 및 블로그
요약 설명	✓	✓	✓	✓	✓	✓
웹사이트	✓	✓	✓	✓	✓	✓
이메일		✓	✓		✓	✓
전화번호		✓	✓		✓	
주소		✓	✓		✓	
지도			✓			
체크인		✓	✓			
평가 및 리뷰			✓			

　　페이지 카테고리를 크게 두 가지 형태, 즉 지도 노출과 지도 비노출 페이지로 구분할 수 있다. 매장을 운영하는 사람들은 페이지에서 고객들에게 매장 위치를 노출하는 것이 유리하고, 회사, 온라인 사업의 경우 지도 노출 없는 페이지가 좋다. 지역 비즈니스 페이지에 나오는 지도, 체크인, 리뷰는 페이지를 활용한 고객 마케팅에 유용한 기능이다. 자기 사업에 따라 선택하며, 카테고리는 언제든지 자유롭게 변경할 수 있다.

　　〈비즈니스 및 장소〉 페이지는 모바일 페이스북에서 지도 노출과 모바일 페이스북에서 〈근처장소〉 검색 시 위치기반으로 검색 노출이 되며, 고객들이 〈리뷰〉로 참여할 수 있다.

• 커버 사진과 프로필 사진

이들 사진은 페이지 마케팅에서 가장 중요한 대표 이미지로 페이지의 얼굴과 같다. 페이지 공유 시 커버 사진 노출 이미지에 따라 사람들의 반응이 달라진다. 그러므로 차별화된 페이지 커버 이미지는 마케팅의 반을 성공한 것이다.

모바일용은 프로필 사진 128px×128px, 페이지 사진 640px×360px

페이지 커버 사진은 단순하게 만드는 것이 좋다. 커버 사진에 타이틀 문구를 넣는 경우가 있는데 너무 많으면 지저분하며, 모바일에서 변형되어 보기에 좋지 않다. 페이지 커버 사진을 수정할 때는 수정 후 모바일에서 검토한 뒤 완료해야 한다. 페이지 커버 사진은 모바일에서 최적화되어야 하기 때문이다. 그리고 최근에는 동영상 및 슬라이드쇼 형태로 커버 사진 설정이 가능하게 업데이트 되었다. 해당 기능을 잘 이용하면 다이나믹하고 역동적인 커버 사진을 만들 수 있다.

다음 사진들은 페이스북에서 기업체의 계정을 제외한 개인 운영 페이지들 중 인기가 많은 국내 페이지의 커버 사진 3장과 Social Bakers (https://www.socialbakers.com/) 통계에 의해 해외 사이트 중 팔로워 수가 많은 사이트의 커버 사진 3장이다. 독자들의 페이스북 페이지를 만들 때 참고하면 도움이 될 것이다.

  프로필 사진은 페이지에서 가장 중요하다. 글쓰기, 좋아요, 댓글, 공유하기 등 모든 페이지 활동에서 대표되는 캐릭터다. 페이지의 모든 활동이 프로필 사진으로 표시된다. 대부분 회사의 로고를 사용하는 경우가 많다. 하지만 페이지 프로필은 이미지와 텍스트를 조합해 사용하는 것이 좋다.

  다음 열린책들 출판사의 프로필은 텍스트를 이미지화한 대표적인 사례이다. 예뻐지자 페이지의 프로필 또한 이미지와 텍스트가 적절히 조화된 사례이다.

사진 출처: https://www.facebook.com/openbooks.kr/?fref=ts

사진 출처: https://www.facebook.com/sdajung/?fref=ts

- 행동 유도 버튼 만들기

  행동 유도는 페이스북 사용자가 비즈니스에 중요한 행동을 하도록 유도한다. 페이지에 대한 행동 유도 버튼을 무료로 추가할 수 있다. 페이지에 사람들을 웹사이트로 유도하거나 예약, 전화 걸기, 구매, 가입 등의 행동으로 이끌 수 있다.

3-3 페이지 정보 수정세팅

• 페이지 정보 수정하기

페이지 프로필 사진 아래쪽의 정보를 누른다.

1. 카테고리 변경하기

페이지 정보 수정을 클릭한 뒤 카테고리를 추가로 선택한다. 하위 카테고리는 3개까지 선택할 수 있으며, 페이스북에서 제공하는 키워드만 노출된다.

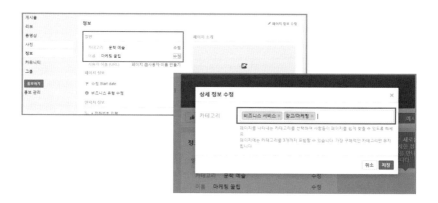

2. 페이지 이름 수정하기

페이지 이름은 언제든지 변경 가능하며 페이스북의 승인으로 변경할 수 있다. 단 유사한 이름으로만 변경할 수 있다.

페이스북에서 설명하고 있는 다음 내용을 참고하라.

- **■ 페이지 이름에 포함할 수 없는 내용**
- 악용 소지가 있거나 다른 사람의 권리를 침해할 수 있는 용어 또는 문구
- 올바르지 않은 대문자 사용. 페이지 이름에는 문법적으로 정확하고 적절한 대소문자 표기법을 사용해야 하며 약어인 경우를 제외하고는 대문자로만 표기할 수 없습니다.
- 기호(예: ®) 또는 불필요한 구두점
- 슬로건 등 긴 설명. 페이지 관리자는 페이지 정보 섹션에 이러한 정보를 추가할 수 있습니다.

- 단어 "**Facebook**"의 변형. 브랜드 리소스에서 자세히 알아보세요.
- 오해의 소지가 있는 단어. 브랜드, 장소, 단체 또는 공인의 공식 페이지가 아닌 경우 다른 사람들이 공식 페이지나 공식 대표자가 관리하는 것처럼 혼동할 수 있는 페이지 이름을 사용해서는 안 됩니다.

자료 출처: https://www.facebook.com/help/mobile-basic/519912414718764

3. 페이지 웹 주소(URL) 만들기

페이지만의 고유 주소를 만들 수 있다([페이지]-[정보]-[사용자 이름]). 만들고 나서는 추후 1회에 한해 웹 주소를 변경할 수 있다. 웹 주소를 만들고 구글, 네이버, 다음, 네이트 등 포털 사이트에 등록하라.

4. 주소 및 지도 등록하기

매장을 갖고 있으며 〈비즈니스 및 장소〉로 페이지를 만들었을 경우 정확한 주소를 입력하여 지도를 등록하자. 그리고 하단에 지도보이기와 체크인하기를 체크한다.

페이스북 지도는 마이크로소프트 사의 BING 지도를 사용하므로 지도를 별도로 세팅해 주어야 한다. 최초 대부분 정확하게 주소와 일치하지 않는다. 그런 경우 핀을 마우스로 찍어 내 매장 위치로 맞추어 주어야 한다. 지도를 확대/축소하면서 매장까지 마우스로 핀을 이동해 맞추어 주고 저장한다.

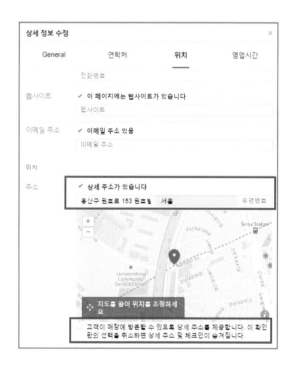

3-4 설정 익히기

페이지 공개와 비공개를 선택할 수 있다. 비공개를 할 경우 검색이 안된다.

페이지 인증하기는 페이지를 인증하면 검색에서 우선 노출되며, 페이지 이름 끝에 마크가 표시된다. 전화를 통한 인증 방법과 사업자등록증을 통한 인증 방법이 있다.

페이지 통합하기는 관리하고 있는 같은 이름의 페이지를 통합해서 하나로 관리할 수 있다.

페이지 삭제하기는 페이지를 삭제 신청하면 14일간 비공개 후 삭제된다. 14일 동안은 언제든지 복원할 수 있다.

알림은 메시지 외에는 끄기를 하는 것이 좋다. 이메일 알림의 경우 알림이 너무 쉴 새 없이 오며 메일함에 잔뜩 쌓인다.

페이지 설정에서 가장 중요한 것이 〈페이지 역할〉 설정이다. 페이지 역할은 관리자, 편집자, 댓글관리자, 광고주, 분석자, 라이브 방송 진행자로 구성된다. 각 역할에 인원제한이 없다. **페이지 관리자는 비상시를 대비해 필수적으로 3인 이상을 등록해 두도록 한다.** 페이스북 계정의 생존율은 60~70% 정도밖에 안 되기 때문에 만약의 경우를 대비해 관리자를 다수로 해야 한다. 만약 1인이 페이지 관리자로 활동 시 개인 계정이 비활성화되면 페이지는 미아가 된다.

또한, 직원 퇴사 시 가장 중요한 인수인계 항목이다. 필자의 페이스북 마케팅연구소로 상담 오는 사례 중 페이지 관리자 인수인계를 하지 않고 퇴사 후 연락이 되지 않거나 이메일 해지 등으로 곤란을 겪는 사례들이 빈번했다. 직원 이동 시 반드시 페이지 관리자 인수인계를 해야 한다.

3-5 페이지 인사이트 활용방법

페이지 운영진에게는 해당 페이지에서 사람들이 활동한 내역에 대한 페이지 인사이트가 제공된다. 좋아요 팬 통계, 게시물 도달 통계 등이 기본적으로 제공된다.

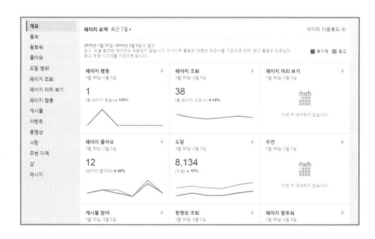

페이지 인사이트는 페이지에 대한 정보를 제공하며, 페이지를 좋아하는 사람이 최소 30명 이상 되어야 사용할 수 있다. 팬들에 대한 인구통계학적 데이터를 보고, 페이스북 사용자들이 페이지 게시물들에 어떻게 반응하는지, 페이지에 얼마나 참여하고 있는지 알 수 있다. 예를 들어 개별 게시물을 보고, 어떤 게시물이 좋아요, 댓글, 공유를 가장 많이 획득했는지 파악하고, 부정적인 피드백을 가장 덜 받았는지 확인할 수 있다.

이 정보를 이용해 팬들의 타겟이 보고 싶어 하는 유형의 게시물을 더 많이 작성할 수 있다. 또한, 팬들이 페이스북에서 활동하는 시간대를 파악하여 더 많은 사람에게 도달할 수 있는 시간에 게시물을 게시할 수도 있다. 그리고 경쟁 페이지 분석을 통해 자기 페이지/게시물과 유사한 페이스북 페이지와 성과를 비교해 볼 수 있다.

페이지		총 페이지 좋아요		(지난주부터)	이번 주 게시물	이번 주 참여	
1	십일	24.1K		▲ 7.6%	6	7.1K	
2	UST	22.6K		▼ 0.2%	0	0	
3	숲	16.8K		▼ 0.1%	5	156	
회원님 4	리텍콘텐츠	8.8K		▲ 0.1%	6	404	
5	도서관, 길위...	6.4K		▲ 0.4%	1	2	

3-6 페이지 글쓰기 4 · 4 · 2법칙

- 페이지 콘텐츠 글쓰기

1. 마감형 글쓰기가 아닌 열린형 글쓰기를 하라

팬들이 참여할 수 있는 질문형, 참여유도형 글쓰기를 해야 한다. 조사한 바에 의하면 '좋아요'를 눌러주기를 부탁한 게시물에는 3배 높은 좋아요 클릭률을 보이며, '댓글'을 달아달라고 부탁한 게시물에는 3.3배 더 많은 댓글이 달리고, '공유하기'를 부탁한 게시물은 7배 높은 공유율이 나온다고 한다.

질문형/참여유도형/
친구초청형(@태그)/공유유발

@태그 페이지 링크
#태그 키워드 태그
예약하기

2. 페이스북 글쓰기 최적화 밸런스 '4·4·2 법칙'

페이스북에서 밸런스 좋게 글쓰기 하는 요령이 있다. 그것은 10번 글쓰기 하는 경우, 사적인 것은 4번, '그렇구나!'하고 대다수의 사람들이 공감할 수 있는 내용의 공감 투고 4번, 자기 비즈니스로 끌어들이는 비즈니스 글쓰기 2번이라는 비율로 글쓰기 하는 4·4·2 법칙이다.

요점은 글쓰기가 한 쪽으로 너무 치우치지 않도록 하는 것에 있다. 단 주의해야 할 점은, 비즈니스 글쓰기를 두 번 연속으로 하지 않는 것이다. 비즈니스 목적 글쓰기는 더욱 많은 사람에게 보이고 싶은 목적이 있기 때문에, 그 해당 투고의 전후에는 '좋아요'를 많이 얻을 수 있을만한 사적인 글쓰기 또는 공감 글쓰기로 구성하는 것이 더욱 많은 사람의 뉴스피드에 표시되게 하는 효과를 가져온다.

세 가지 글쓰기 유형으로 공감을 얻은 방법이 있다.

첫째는 사적인 글쓰기다. 사적인 글쓰기는 자신이 경험한 것이나 느낀 것, 생각하고 있는 것 이외에, '좋아요'가 잘 눌릴 것 같은 음식이나 애완동물, 사생활에 지장이 없을 정도의 가족 일 등을 글쓰기 하는 것이다. 그러나 사적인 글쓰기를 하는 경우에는 동행한 사람이나 함께 사진에 찍힌 사람에게 주의해야 한다. 자신만의 일이라면 문제가 안 되겠지만, 함께 있던 사람이 사실은 그 장소에 있는 것을 누구에게도 알리고 싶지 않았던 경우라면 큰 문제가 발생할 수 있다. 사전에 당사자 확인은 절대로 필요한 점이다.

둘째는 '그렇구나!'라고 납득할 수 있을만한 공감 글쓰기다. 이것은 최신의 정보나 비즈니스에 있어서의 지식, 삶의 지혜에 도움이 될 만한 말 등, 독자가 읽고 도움이 되거나 재미있다고 생각할 만한 투고다.

셋째의 비즈니스 글쓰기는 아무렇지 않은 듯이 하는 것이 포인트다. 즉 비즈니스를 끌어당기는 글쓰기는 고객의 목소리를 반영하고 Before/After의 비즈니스의 성과물, 비즈니스에 몰입하고 있는 모습, 고객이 기뻐하는 모습, 실제로 판매하는 점포, 홈페이지의 정보, 그리고 이벤트의 고지 등을 업로드한다. 비즈니스를 끌어당기는 글쓰기 포인트는 천연덕스럽게, 아무렇지도 않게 좀 뻔뻔하지만 자연스럽게 비즈니스를 PR하는 것이 핵심이다.

3. 게시글 예약 기능을 사용하라

페이지에는 게시글 예약 기능이 있다. 페이지 도달률을 결정짓는 요인 중 하나가 포스팅 시간이다. 페이스북 사용자가 가장 활발하게 활동하는 시간에 포스팅해야 도달률이 올라간다. 이때 예약 기능이 유용하다.

사업 종류마다 최적의 포스팅 시간을 찾아야 한다. **최적의 포스팅 시간은 낮보다 밤이 좋고, 피크 1시간 전이 가장 좋다. 왜냐하면, 포스팅은 도달 알고리즘에 의해 점진적으로 확산하는 구조이기 때문이다. 오전 출근시간 1시간 전, 점심시간 1시간 전, 퇴근시간 1시간 전 그리고 취침 전인 밤 10~11시경이 좋다.** 이러한 시간을 정해서 예약하면 편리하고 더 많은 도달률을 올릴 수 있다.

4. 〈@친구소환〉을 유도하라

친구소환은 태그된 친구들을 게시물로 불러오고, 많은 도달과 노출을 하게 하며, 게시물 댓글에 대하여 지속적인 알림이 간다.

5. 본문에 @페이지 태그를 하라

본문에 @페이지 이름을 태그하면 하이퍼링크가 걸린다.

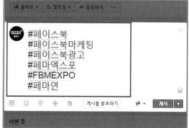

6. 해시태그(#)를 사용하라

해시태그는 어떤 단어에 대해 검색 기능을 부여한 것으로 게시물 중 같은 #해시태그를 설정한 글을 모아서 볼 수 있게 하는 것으로 검색 노출만이 아닌 내 게시물의 시리즈에도 사용할 수 있다.

문장 중에 #글쓰기

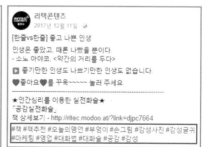

하단에 색인용 #글쓰기

해시태그는 두 가지 용도로 사용된다. 게시글 본문 중에 사용하면 강조형으로 사용되며, 하단에는 색인형으로 사용할 수 있다.

7. 개별 이미지마다 설명과 링크를 삽입하라

여러 사진 포스팅 시 개별 사진마다 설명과 링크를 넣어주면 마케팅적으로 큰 효과가 있다. 방법은 일단 사진을 다 올린다. 그리고 해당 이미지를 클릭한 후 〈수정〉을 눌러 설명과 링크를 삽입한다. 다음 사진도 반복 수정 작업해 주면 된다.

8. 이미지 링크 포스트를 하라

홈페이지 주소, 블로그 주소 등 링크를 포스팅하면 자동으로 썸네일이 만들어진다. 이 기능으로 두 가지 이미지 포스팅 기법을 할 수 있다. 이미지마다 하이퍼링크가 걸려 홈페이지나 쇼핑몰 또는 블로그로의 유입수를 늘릴 수 있다.

16:9 기법과 슬라이드 기법이 있다. 16:9 기법은 가로 와이드형 이미지가 게시글 첫 이미지여야 한다. 슬라이드 기법은 정사각형의 이미지가 첫 이미지여야 하는데, 시리즈 이미지 4장까지 별도로 준비해서 만들 수 있으며, 이미지별로 별도의 랜딩 URL을 넣을 수 있다.

사진 출처: https://www.facebook.com/faccomma/

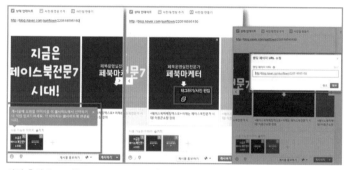

사진 출처: https://www.facebook.com/faccomma/

■ 이모티콘 사용법

1. 원하는 아이콘을 클릭한다.
2. 복사한다.
3. 페이스북에 붙여 넣는다.
4. 게시한다!

http://kr.piliapp.com/facebook-symbols/

■ 이모티콘 단축키

9. 상단게시물을 지정하라

상단게시물 지정을 하면 페이지를 방문하는 사람들에게 좋은 첫인상을 남길 수 있다. 페이지가 살아 있고, 관리자가 운영을 잘한다는 인상을 준다. 상단게시물은 좋아요와 댓글이 많은 게시물이 좋다. 또한, 이벤트나 광고하는 게시물을 상단게시물로 고정해 놓으면 훨씬 좋다.

10. 댓글을 관리하라

팬들의 댓글에는 답글을 달아주는 것이 좋다. 팬들이 좋아할 뿐 아니라 페이지 도달 알고리즘의 인게이지 지수에 많은 영향을 준다.

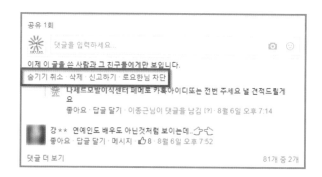

악성 댓글의 경우 댓글 오른쪽 위로 마우스를 가져가면 〈숨기기〉가
나타난다. 〈숨기기〉를 하면 삭제, 신고, 차단이 가능하다.

11. 페이지 콘텐츠를 구상하라

메인 콘텐츠를 70~80% 포스팅하고, 서브 콘텐츠(유머, 시사, 퀴즈 등)를
사용한다. 페이지 알고리즘 인게이지 지수를 높이는 데에는 댓글 유도
글이 좋다. 많은 참여로 페이지를 건강하게 만든다.

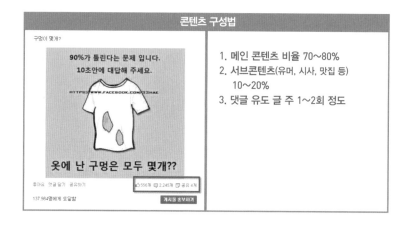

12. 글보다 이미지를 사용하라

손글씨 등의 이미지를 사용하면 감성적 효과가 나온다. 디지털 시대에는 아날로그적 감성이 사람들의 마음을 움직이기도 한다.

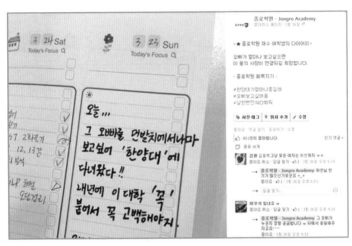

사진 출처: 종로학원_페이지 아날로그적 감성 콘텐츠 사례

감성마케팅은 브랜드의 이미지를 알리기 위해 활용되는 경우가 많다. 고객의 감성을 불러일으켜 제품이나 브랜드에 좋은 이미지를 가지도록 하는 데 큰 효과를 나타낸다. **디지털 시대에는 인쇄된 글자보다 아날로그적인 손글씨가 더 감성적인 콘텐츠가 된다.**

종로학원 페북지기가 발견한 한 여학생의 애틋한 짝사랑이 녹아든 다이어리 한 귀퉁이의 손글씨는 많은 사람들의 심금을 울리는 아날로그적인 감성 콘텐츠의 대표적인 사례이다.

13. 이미지나 동영상에 스토리를 구성하라

단순한 이미지 나열보다 이미지마다 설명을 만들어 이야기를 구성해 사용하면 많은 참여가 들어온다.

맛있는 음식 사진을 줄줄이 올리기만 하는 것보다 사진에 어울리는 몇 줄의 문장은 보는 사람의 입맛을 다시게 한다. 음식에 별 다섯 개 평점은 보는 사람들에게 맛에 대한 귀여운 신뢰성을 준다. 또한, 비빔밥에 사용된 문구는 사람들에게 흥미를 주므로 유쾌한 맛으로 초대한다.

사진 출처: 휴롬_사물 의인화 콘텐츠 사례

페이지 좋아요 팬 늘리기

페이지 좋아요 팬이 되는 방법은 해당 페이지를 방문해 좋아요 버튼을 누르기만 하면 된다. 한 사람이 좋아요 할 수 있는 페이지 수는 최대 5,000페이지이다. 페이지 팬이 되면 페이지에서 새로운 소식이 업데이트될 때마다 내 뉴스피드에 보인다. 그런데 페이지 알고리즘에 의한 도달률의 하락으로 페이지 팬 중 소수의 사람에게 페이지 소식이 보인다.

이러한 알고리즘을 벗어나는 방법 두 가지로 〈페이지 알림 받기〉와 〈먼저 보기〉가 있다. 알림 받기를 하면 페이지에 글이 올라올 때마다 스마트폰에 푸시 알림이 온다. 다음 방법으로 먼저 보기를 하면 푸시 알림은 안 오지만 내 뉴스피드 상단에 글이 보인다. 먼저 보기 할 수 있는 페이지는 최대 30개까지 설정할 수 있으며, 먼저 보기는 모바일에서도 설정할 수 있다.

페이지 계정 전환과 계정 교차로 친구 초대하기

페이스북에서는 개인 계정과 페이지 계정 사이에서 계정 전환이 발생한다. 내가 페이지로 전환된다. 곧 내가 페이지가 된다. 메인바 바로가기 메뉴를 통해 페이지로 가면 개인 계정에서 페이지 계정으로 이름이 변경되면 전환이 이루어진 것이다.

계정 교차란 페이스북에서 사용하는 공식 용어가 아니라 필자가 계정 전환과 구분하는 의미로 사용하는 용어이다. 계정 교차는 내비게이션 메뉴에 보면 페이지 목록이 있다. 이곳을 통해 페이지에 들어가면 페이지 이름으로 변경이 되지 않고 개인 계정의 이름으로 남아 있으며 메뉴와 기능 두 가지에서 차이가 생긴다. 즉 계정 교차는 관리자인 개인이 페이지 팬이면서 관리자로 페이지를 방문한 것이다.

1. 홈을 누른다.
2. 왼쪽 〈내비게이션 메뉴〉에서 페이지를 누른다.

이전 버전에는 계정 교차와 계정 전환의 차이가 크게 두 가지 있었다.

첫째, 계정 전환은 내가 곧 페이지이기 때문에 페이지 좋아요 버튼이 나오지 않는다. 페이지 관리만을 위한 메뉴만을 보여준다. 반면에 계정 교차는 팬이면서 관리자로 페이지 방문이 이루어져 페이지 좋아요 버튼이 나온다. 즉 나도 한 사람의 팬이면서 관리자의 신분으로 페이지를 방

문한 것이 되기 때문이다.

둘째, 이전에는 계정 교차로만 게시글 좋아요 한 팬을 초대할 수 있었으나, 지금은 계정 교차와 계정 전환의 기능을 통합하여 페이지 좋아요 버튼과 게시물 좋아요 한 사람을 초대할 수 있는 기능이 계정 교차나 계정 전환에서 모두 가능하게 변경되었다. 그러나 페이스북의 정책에 의하여 매뉴얼이 또 변경될 가능성이 있으니 계정 교차와 계정 전환에 대한 명확한 개념을 알고 있으면 헷갈릴 일은 없을 것이다.

3-9 페이지 키우고 홍보하기

미국의 한 연구조사기관에 의하면 기업 팬 한 사람당 연간 가치는 136달러 정도에 달한다고 한다.

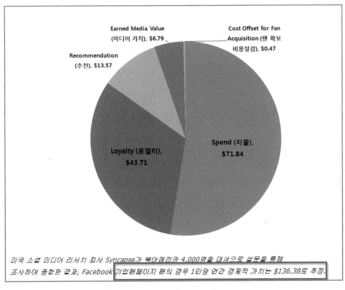

사진 자료: 구글 자료_http://www.bloter.net/archives/33234

• 페친들을 페이지 좋아요 초대하기

페친(페이스북 친구)들을 좋아요 페이지로 초대할 수 있다. 페친이라는 관계와 신뢰 속에서 가능하다. 페친들과 소통 없이 초대하면 반응이 없지만, 활동이 많으면 페이지 팬 전환율이 상당히 높아진다. 친구 페이지 초대는 PC보다 모바일에서 더욱 쉽고 빠르고 편리하다.

- 게시물 좋아요한 사람들을 초대하라

　이 기능은 광고 후에 사용하면 효과가 좋다. 광고를 통해서 많은 사람들에게 노출하면 좋아요 반응한 사람이 많아진다. 페이지 게시물에 참여한 사람들을 계정 교차를 통해 초대하면 페이지 팬 전환율이 높다. 앞에서 설명한 것처럼 계정 교차를 통해서만 가능하며, PC용 페이스북에서만 가능하다.

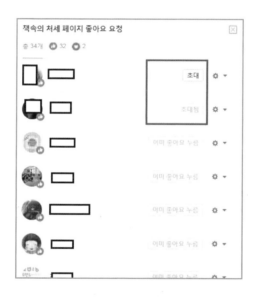

- 페이지 공유하기로 홍보하라

　페이지 공유하기를 하면 페이지 대표 썸네일이 만들어진다. 내 타임라인과 페친 타임라인, 그룹 등에 페이지 공유를 하면 관심 있는 팬들을 모을 수 있다.

• 품앗이, 홍보 그룹을 활용하라

그룹에는 서로 페이지 좋아요를 눌러주는 품앗이, 홍보 그룹이 많다. 이러한 그룹에 가입하여 페이지를 공유하여 키울 수 있다.

- 페이지 이름으로 활동하라

  페이지 이름으로 큰 페이지, 타겟 페이지(지역, 주제 등)에서 좋아요, 댓글을 달면 많은 홍보와 페이지 유입 효과를 얻을 수 있다.

- 포털 사이트에 페이지를 등록하라

  구글, 네이버, 다음 사이트 등록에 페이지를 등록하면 검색을 통해 페이지를 홍보하고 키울 수 있다.

  - https://submit.naver.com/
  - https://register.search.daum.net/
  - https://www.google.co.kr/intl/ko/add_url.html

• **페이스북 친구 추천이 미치는 영향**

소셜 커머스 솔루션 기업인 소셔블 연구소(Sociable Labs)는 페이스북 사용자들이 소셜 공유로 인해 어떤 영향을 받는지에 대해 분석했다. 이 조사의 결과는 월 1회 이상 페이스북 계정에 로그인하고 3개월에 1회 이상 온라인 쇼핑을 하는 페이스북 사용자의 약 25% 정도가 페이스북에서 친구들의 추천 때문에 온라인 구매를 했다는 것이다.

페이스북 친구로부터 추천을 받은 페이스북 사용자들의 62%가 친구의 추천 글을 읽었고, 글을 읽은 사용자들의 75%가 쇼핑몰 사이트를 방문했으며, 이들의 53%가 제품을 구매한 것으로 나타났다.

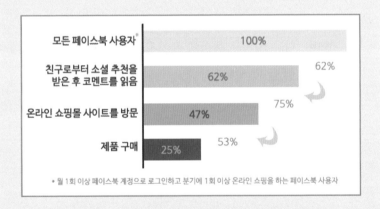

* 월 1회 이상 페이스북 계정으로 로그인하고 분기에 1회 이상 온라인 쇼핑을 하는 페이스북 사용자

- **페이스북 친구를 늘리기 위한 세 가지 방법**

1. 위젯을 이용해 친구 늘리기

운영 블로그에 페이스북 위젯을 설치한 후 클릭하면 페이스북으로 이동하게 유도한다.

2. 자신의 주소록을 이용해 친구 늘리기

페이스북은 주소록에 저장된 사람에게 5회에 걸쳐 페이지 초대장 발송이 가능하다.

3. 포털 사이트에 페이스북 페이지 검색등록

네이버 등 포털 사이트에 해당 페이스북 페이지 이름을 "검색등록" (무료)하여 페이스북으로 유입시킨다.

3-10 알고리즘, 뉴스피드 전쟁

페이스북에는 도달 노출 변수를 조정하는 알고리즘이 작동한다. 22억 명을 거느린 페이스북으로서는 필연적인 선택이다. 만약 이 알고리즘이 작동하지 않으면 뉴스피드는 시속 30 km로 달릴 것이다. 뉴스피드의 쾌적한 환경을 지키기 위한 불가피한 선택인 것이다.

페이스북 사용자들의 행동 패턴은 페이스북에 로그인하면 뉴스피드를

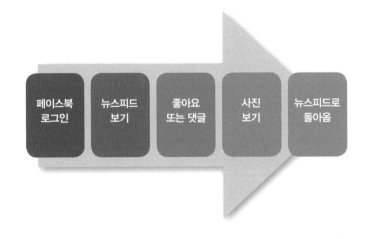

본다. 그리고 여기저기 다니다가 결국 뉴스피드로 돌아오고, 여기저기 다니다가 다시 뉴스피드로 온다. 페이스북의 주 무대는 뉴스피드인 것이다.

페이지 마케팅이란 내 페이지의 글이 팬들의 뉴스피드에 무사히 도달하고 노출되어 보이는 것이다. 몇 명의 뉴스피드에 도달할까? 이것을 뉴스피드 전쟁이라고 한다. 페이스북 마케팅은 뉴스피드 전쟁이다. 뉴스피는 마케팅 광장이다. 이 마케팅 광장을 점령해야 하는 마케팅 전쟁이 뉴스피드 전쟁이다. 지금도 개인, 페이지, 그룹, 광고 게시물들이 물밀 듯 뉴스피드로 몰려들어 오고 있다. 알고리즘 선택을 받아야 뉴스피드 광장에 당당히 입성할 수 있다. 뉴스피드 전쟁의 승리 요건은 건강한 콘텐츠이다. 콘텐츠의 질에 따라 승패가 좌우된다.

내 뉴스피드에 뜨는 글들은 뉴스피드 전쟁의 늠름한 승리자들이다. 치열한 사투를 벌이고 생존한 것이다. 마찬가지로 내 마케팅의 포스팅도 뉴스피드 전쟁을 통해서 팬들의 뉴스피드 광장에 도달하는 것이다. 그렇다고 한다면 포스팅 콘텐츠가 얼마나 중요한가에 대해서는 새삼 강조할 필요가 없다.

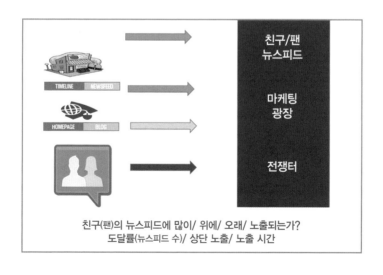

친구(팬)의 뉴스피드에 많이/ 위에/ 오래/ 노출되는가?
도달률(뉴스피드 수)/ 상단 노출/ 노출 시간

페이스북이 공개한 알고리즘을 중심으로 간단히 살펴보자.

• 엣지랭크

페이스북이 공개한 알고리즘 중 가장 중요한 것이 엣지랭크이다. 엣지랭크를 움직이는 콘텐츠를 만들어야 팬들의 뉴스피드 상단에 노출된다. 그렇다면 엣지랭크에 부합하는 페이지 포스팅은 어떻게 작성해야 할까?

페이스북의 엣지랭크를 높이는 데는 여러 요소가 있으나, 팬과의 관계에서 친밀도를 만드는 것이 무엇보다 중요하다. 기계적으로 엣지랭크를 높이는 요소를 사용하는 것보다 더 중요한 것은 콘텐츠를 통해 팬의 반응을 이끌어내고 지속해서 함께 이야기할 수 있게 만드는 것이다. 이렇기 때문에 페이지는 콘텐츠로 먹고 산다고 해도 과언이 아니다. 실제 충성 고객으로 변환되는 페이스북 팬을 만들기 위해서는 인내심과 지식, 그리고 전략적 사고가 필요하다. 페이스북 팬은 변덕쟁이이다. 또한, 팬들은 산만하며 쉽게 흥미를 잃는다.

페이스북 알고리즘은 사진, 링크, 댓글을 부르는 콘텐츠에 더 잘 반응한다. 이런 콘텐츠를 통해 클릭을 많이 누르면 반응률이 높아지면서 페이지 콘텐츠 포스트가 팬들의 뉴스피드에 좀 더 상단으로 올라온다. 페이스북의 뉴스피드는 나와 연관 있는 친구들의 글, 내가 자주 반응한 페이지의 글이 위로 올라온다.

그렇기 때문에 페이지가 잘 노출되기 위해서는 팬들이 참여하는 콘텐츠를 만드는 것이 무엇보다 중요하다. 또한, 페이스북 알고리즘은 반응이 많을수록 더 많은 사람들의 뉴스피드 상위에 올라가는 원리이다.

- 스토리 범핑

스토리 범핑은 시간이 좀 지났더라도 다른 사람 또는 친구들로부터 여전히 많은 좋아요/댓글 등을 받은 글은 내 뉴스피드 상단에 다시 보일 수 있다는 것이다.

• 라스트 액터

최근에 가장 자주 소통했던 친구 50명을 선정해서 내 뉴스피드에 그 사람들의 글을 더 많이 노출해 준다.

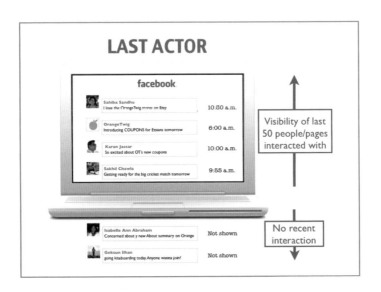

페이지 알고리즘의 가장 중요한 원리는 상호 작용에 의한 인게이지 지수이다. 이 인게이지 지수에 의해 페이지 도달률이 결정된다.

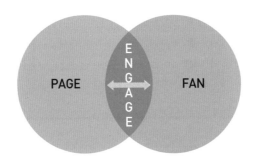

엣지랭크에 의한 도달 및 노출 지수

페이지가 잘 노출되기 위해서는 참여형 콘텐츠를 만드는 것이 무엇보다 필요하다. 또 페이스북 알고리즘의 핵심은 참여와 반응이 많을수록 더 많은 사람의 뉴스피드에 노출과 상단을 점령한다. 페이지 포스팅의 50%는 참여형 콘텐츠를 만들면 좋다. 팬들이 콘텐츠에 대한 손가락 반응이 포인트로 누적되어 인게이지 지수로 적립되는 것이다. 즉 페이지 알고리즘은 마케터와 팬들의 손가락을 통해 좌우된다.

■ 팬들의 손가락 참여를 부르는 콘텐츠 만드는 법

게시글: 질문이나 팬들이 채워 넣을 수 있는 빈칸 콘텐츠
링크: "여기를 클릭하세요"로 콘텐츠 전환
사진: 관심, 흥미, 감동, 유익한 이미지

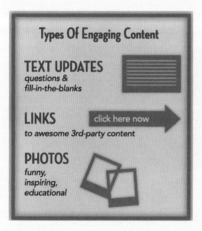

사진 출처: allfacebook.com

페이지 관리자와 팬들에 의한 인게이지 지수가 높은 사례로 임실군청 페이지가 있다. 팬 수는 2,000여 명이지만 팬들의 참여는 100~200여 개로 팬 수 대비 10% 정도가 반응하는 페이지이다. 다른 관공서 페이지처

럼 스타성이나 흥미 위주의 페이지 운영이 아닌 순수한 콘텐츠와 상호
작용에 의한 페이지 모범 사례라고 할 수 있다.

사진 출처: https://www.facebook.com/hopefulimsil/?fref=ts

좋/댓/공 페이지
협업 페이지 마케팅

협업 네트워크를 통한 마케팅 공동체는 페이스북 마케팅의 최고 기능이요 효과이다. 페이스북 마케팅을 연구하면서 발견의 기쁨이 '협업 네트워크'의 연결 고리인 '친한 친구', 페이지의 '알림 받기'이다. 이 연결 고리를 통해 페이스북에서는 강력한 네트워크를 구성할 수 있다. 단순히 SNS를 위한 관계를 만드는 연결 고리이지만, 마케팅적 용도로는 파워풀한 협업 네트워크를 구성해 준다.

페이지의 포스팅 확산 시스템 원리는 포스팅하면 페이지 타임라인에 게시되고 타임라인은 포스팅을 팬들에게 Output하면 팬들의 뉴스피드에 Input된다. 여기에서 팬들의 좋아요, 댓글, 공유(좋/댓/공)에 의해 팬들의 페친들에게 도달/확산하는 구조이다. 바로 사람에 의해 포스팅이 도달/확산하는 시스템 구조이다. 반응해 주는 사람이 많을수록 많은 도달/확산을 할 수 있다. 바로 협업 마케팅은 도달/확산에 함께 참여해 반응해 주는 사람들로 인해 이루어진다.

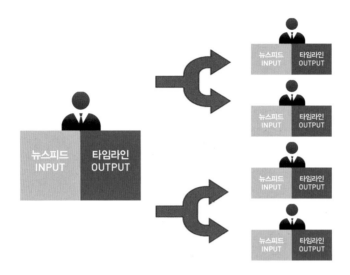

페이지 포스팅은 좋아요 손가락을 타고 도달/확산된다. 내가 좋아요
를 누르면 내 페친들의 뉴스피드에 노출되고, 내 페친 중에 그 글에 반
응하면 그의 페친들에게도 노출되는 피라미드적 확산의 구조인 것이다.

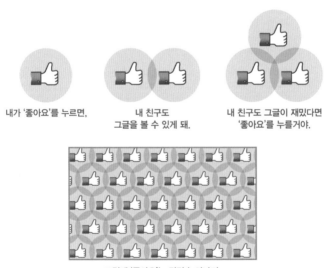

페이스북 포스팅은 사람들의 손가락 반응에 의해 도달/확산하는 시스템이다. 페이스북의 이 시스템을 마케팅에 활용해 효과를 보기 위해서는 기본적으로 함께하는 마케팅이 필요하다. 함께할 협업 네트워크를 구성하자. 가족, 직원, 친구, 페친 등 협업할 수 있는 사람들을 미리 섭외하는 것이 좋다.

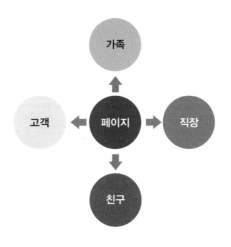

구분	협업
가족	
친구	
직원	
페친	

페이스북 페이지 마케팅은 협업 마케팅에 최적화되어 있다. 함께하는 마케팅 공동체를 만들어 준다. 갈수록 페이스북 페이지의 도달률이 하락하고 있다. 이것이 페이지를 만들어 마케팅을 본격적으로 시작하려는 사람들의 기를 꺾고 있다. 심혈을 기울여 포스팅하지만, 도달률이 팬 수 대비 5% 이하의 현실에 자괴감이 들 정도이다.

이 페이지 알고리즘을 극복하는 방법으로 좋아요 팬들을 활용하는 방법이 있다. 페이지 팬들에게 '알림 받기'를 통해 네트워크를 구성하는 것이다. 이 알림 받기(모바일의 먼저 보기)를 하면 알고리즘에 의한 도달률 하락을 초월할 수 있다. **팬들이 페이지 알림 받기를 하면 페이지에 글이 올라갈 때마다 푸시 알림을 받을 수 있다. 팬들을 서포터즈로 활용하여 푸시 알림이 올 때마다 좋아요, 댓글, 공유하기를 훈련하면 좋다.**

■ 내가 좋/댓/공을 하면

- **보이는 효과**: 좋아요 수가 많아진다.
- **마케팅 효과**: 도달/확산이 일어난다.
- **협업 효과**: 함께하는 기쁨이 생긴다.

- **좋/댓/공으로 할 수 있는 일**
  - 가족 마케팅 공동체 형성
  - 직원 마케팅 공동체 형성
  - 전국 지점 마케팅 공동체 형성(프랜차이즈용)

페이스북 마케팅 공동체인 협업 네트워크는 프랜차이즈 등 전국적인 지점을 운영하는 경우에 적합하다. 전국 각 지역의 지점들과 직원들 그리고 고객들을 활용해 매일 전국에서 바이럴(입소문)을 생산하면, 전국적인 브랜드 가치가 높아지는 효과가 나온다.

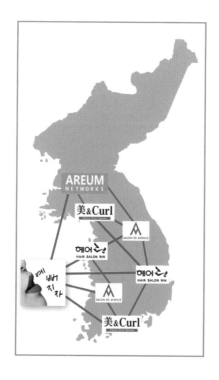

3-12 좋/체/리 매장 페이지 마케팅

매장 페이지 마케팅은 고객을 통한 마케팅이다. 식당, 카페, 병원, 미용실 등 고객이 방문하는 매장에서 최고의 마케팅 방법이다. 매장 방문 고객을 페이지 팬으로 유입시키는 마케팅 방법이다. 방문 고객이 페이지에서 좋아요 팬, 체크인, 리뷰(좋/체/리)를 남긴다.

■ **고객이 좋/체/리를 하면**
- **보이는 효과**: 좋아요 팬수 증가
- **마케팅 효과**: 도달/확산 바이럴로 가게홍보
- **체크인**: 장소/이름 위치 노출 홍보 효과
- **리뷰**: 긍정의 입소문이 바이럴 확산

■ **좋/체/리로 할 수 있는 일**
- 방문 고객을 잡을 수 있다(네트워크/소식 노출)
- 방문 고객 페친들을 잡을 수 있다(3배 효과)

- 전국 지점에서 실시간 동시 바이럴 생산(프랜차이즈용)

좋(아요)/체(크인)/리(뷰) 마케팅 방법은 이벤트와 함께 진행한다. 할인 또는 서비스를 통해 고객이 자발적으로 참여하도록 한다. 매장 입구에는 배너를 만들어 세우고, 안내서는 코팅하여 테이블에 고정해 두고 고객들이 참여하도록 하고 직원들이 안내한다.

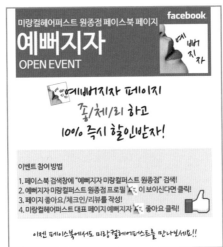

3-13 페이지 이미지 마케팅 방법

온라인 마케팅의 콘텐츠는 키워드와 글이 좌우한다. 반면에 페이스북 콘텐츠는 이미지 기법에 의해 좌우된다. 인스타그램의 출현 이후 매력 없는 이미지는 눈길도 받지 못한다. 페이스북에서는 대충 찍어서 올린 사진은 좋아요를 받을 수 없다. 더 받으려면 이미지 기법으로 사용자들의 눈을 사로잡아야 한다. 이제 좋은 사진을 올리는 것은 고객들에 대한 책임이자 의무이며 예의이다.

어디에서 다운받은 것, 사진 찍은 상태로 보정 없이 올리는 것은 지속적인 마케팅을 저해하는 요인이다. 지금은 정말 좋은 시대이다. 사진 편집 관련 어플리케이션(이하 '앱')들이 풍성하다. 조금만 여유를 갖고 편집해서 올리는 것이 상도덕이라고 해도 과언이 아니다.

무엇보다 페이지의 이미지 표출 방식을 이해하고 있어야 한다.

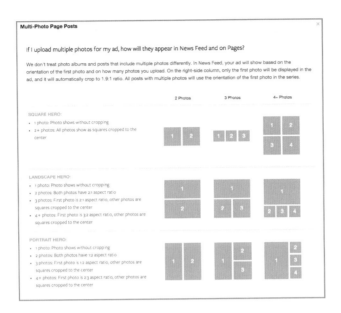

페이지 이미지 표출 방식은 크게 정사각형, 가로형, 세로형 방식과 이미지 수에 따라 다양한 방식이 있다. 이미지 표출방식을 결정하는 것은 첫 이미지 유형이다. 첫 이미지 유형에 따라 다양한 콘셉트의 이미지 기법을 사용할 수 있다.

■ 정사각형 이미지법

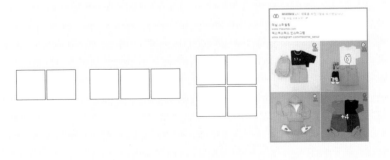

■ 가로형 이미지법

■ 세로형 이미지법

■ 페이지 관리자 십계명

1. 관리자를 익명으로 숨기지 말고 알려 팬과 소통하라.
2. 차별화된 콘텐츠를 만들어라.
3. 콘텐츠 제작에 시간을 투자하라.
4. 스토리 있는 콘텐츠를 만들어라.
5. 팬들의 좋아요와 댓글에 반응하라.
6. 페친과 유기적으로 반응하라.
7. 친구초대를 계속하라.
8. 팬과 대화하는 글쓰기를 하라.
9. 타 페이지 운영자들과 교류하고 서로 공유하라.
10. 종종 페이스북 유료 광고를 하라.

뉴욕대학교의 교육심리학자 제임스 브르너는 그의 저서 〈한 장의 사진으로 말하다〉에서 사람들은 들은 것의 10%, 읽은 것의 30%, 본 것의 80%를 기억한다고 했다. 그만큼 이미지는 광고 마케팅에서 우선순위를 선점한다.

특히 첨단기술시대의 사람들은 긴 글 읽기를 힘들어하고 좋아하지 않는다. 그중에서도 모바일 화면으로 긴 글 읽기를 싫어하는 경향이 아주 뚜렷하다. 그래서 '고도로 이미지화된 콘텐츠'나 '인포그래픽한 메시지'로 전달해야 한다.

· 큐레이션을 위한 콘텐츠 수집용 어플리케이션

텀블러　　　　　　핀터레스트　　　　　피들리

• 이미지 큐레이션 사이트

무료 이미지 다운로드 사이트
- 플리커 https://www.flickr.com/
- 픽스어베이 http://pixabay.com/
- 언스플래쉬 https://unsplash.com/
- 셔터스톡 http://www.shutterstock.com/
- 그래티소그래픽 http://www.gratisography.com

▶ 무료이미지 사용에 대한 저작권 문제는 다음을 참고한다

CCL (Creative Commons License)이란 '저작권자가 자신의 저작물에 대해 일정 조건의 범위 내에서 다른 사람이 자유롭게 이용할 수 있도록 허락한다는 내용의 자유이용 라이선스를 의미하는 것'으로, 이미지에 CCL 표기가 붙어 있다면 출처를 표시하는 조건으로 누구나 사용할 수 있다.

이와 관련해 「저작권법」에는 다음과 같이 '지적재산권자는 다른 사람에게 그 저작물의 이용을 허락할 수 있고, 이용허락을 받은 자는 허락 받은 이용방법 및 조건의 범위 안에서 저작물을 이용할 수 있다'는 조항이 명시되어 있다.

하지만 CCL 표기가 있다고 해서 마냥 안심하고 사용할 수는 없다. 이미지의 사용권은 저작권자 스스로 CCL 표기를 하거나 CCL 표기를 하는 데 명시적으로 동의해야만 효력이 생기는데, 구글과 같은 저작권자가 스스로 CCL 표기를 한 게 아니라 의도치 않게 붙는 경우도 있기 때문이다.

개인적인 용도로 CCL 이미지를 사용할 때에는 무방하나, 상업용으로 사용할 때는 주의가 필요하다.

CCL과 관련해서는 몇 가지 표준이용 조건이 더 있으므로 다음 사이트에 접속하여 확인하도록 한다.

▶ http://creativecommons.org/licenses

우리는 철학을 판다.
오토바이는 슬쩍 끼워 팔 뿐.

−리치 티어링트, 할리데이비슨 회장

제4부

매출 3배 UP!
페이스북 마케팅
최적화 4단계

f

지금은 페이스북 마케팅 시대이다. 자영업자부터 기업에 이르기까지 페이스북 마케팅 광풍이 불고 있다. 하지만 페이스북 마케팅은 그리 호락호락하지 않다. 필자도 수없이 많은 시행착오를 거쳐야만 했다.

이런 시행착오 속에서 어떻게 하면 페이스북 마케팅을 효율적으로 할 것인가를 고민하였다. 그리고 재능기부로 비공식 페이스북 고객센터 및 페이스북 광고 수리센터를 운영하면서 현장에서 일어나는 무수한 사례를 접하면서 페이스북 마케팅 진행 시 중요한 원리들을 정리할 수 있었다.

이것이 앞으로 살펴볼 페이스북 마케팅 최적화 4단계다.

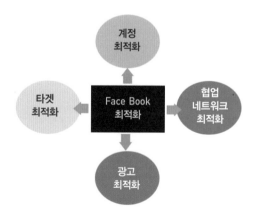

4-1 1단계 페이스북 계정 최적화

페이스북 마케팅의 주된 적은 페이스북 계정 문제이다. 페이스북 계정 문제 해결 없이 페이스북 마케팅은 없다.

페이스북 마케팅을 한순간에 무너뜨리는 것이 페이스북 계정 관리 문제이다. 그래서 페이스북 마케팅의 첫 시작은 페이스북 계정 이해이다. 페이스북 계정 안정화 없이는 페이스북 마케팅은 시작을 안 하는 것이 나을 것이다.

필자는 페이스북의 가장 큰 오점은 계정 문제라고 단언한다. 페이스북의 계정 생존율은 60~70% 정도에 불과하다. 내 페이스북 계정이 어느 날 죽을 확률이 30~40%나 된다는 사실을 염두에 두어야 한다. 페이스북 마케터는 최악의 계정 상황을 대비하고 마케팅해야 한다.

페이스북 계정 문제에는 적절한 해법이 없다. 지금 이 순간에도 셀 수 없는 수많은 계정이 잠기고, 비활성화되어 사용자들의 울부짖고 탄식하는 소리가 들린다. 페이스북은 잠기고 비활성화된 개인 계정, 미아된 페이지, 비활성화된 광고 계정 등 쓰레기 천국이라 해도 과언이 아니다.

페이스북 마케팅으로 사업하는 경우 심각한 문제가 발생할 수 있다. 기업의 페이스북 마케팅 자산, 즉 운영하던 페이지, 진행하던 광고 데이터 등이 한순간 날아갈 수 있기 때문이다. 다시 말하지만 페이스북 계정 문제 해결 없이는 페이스북 마케팅은 없다.

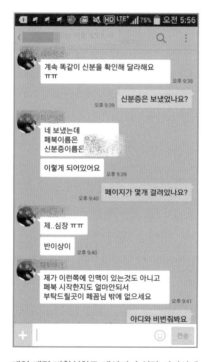

개인 계정 비활성화로 페이지 수십만 미아사례

페이스북의 마케팅 구조는 개인 계정에서 페이지, 그룹을 생성 후 관리한다. 그리고 개인 계정에서 광고 계정과 비즈니스 관리자를 생성 후 광고를 집행한다. 즉 개인 계정에 페이스북 마케팅의 모든 자산이 물려 있는 것이다. 만약에 마케팅을 진행하는 메인 계정이 잠기거나 비활성화되면 모든 페이스북 마케팅 자산(페이지, 그룹, 광고 계정, 비즈니스 관리자 등)은 한순간에 물거품이 된다. 그러므로 페이스북을 활용하여 마케팅하려면 페이스북 계정을 이해하고 사용하는 지혜가 필요하다. 즉 페이스북 마케팅은 페이스북 계정 안정 최적화가 최우선되어야 한다.

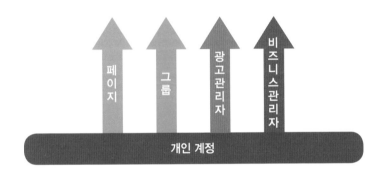

필자는 재능기부로 세계 유일하게 비공식 페이스북 고객센터를 운영하고 있다. 블로그와 카톡 상담을 통해 무수한 페이스북 계정 문제를 상담하고 해결해 주면서 페이스북의 계정 알고리즘을 대략 파악할 수 있었다. 필자가 수집한 페이스북의 계정 문제 사례들을 페이스북 본사 직원을 통해 보고하였고, 페이스북코리아에도 전달하였다. 하지만 안타깝게도 아직 어떠한 대책도 대안도 없다.

페이스북 마케터들을 위한 많은 상담 경험을 통해 체득한 내용을 정리해 보고자 한다. 페이스북에 항의해 보았자 수명만 단축된다. 페이스북의 계정 알고리즘을 파악하여 예방하고 피해가고 대비하는 것이 최선이다.

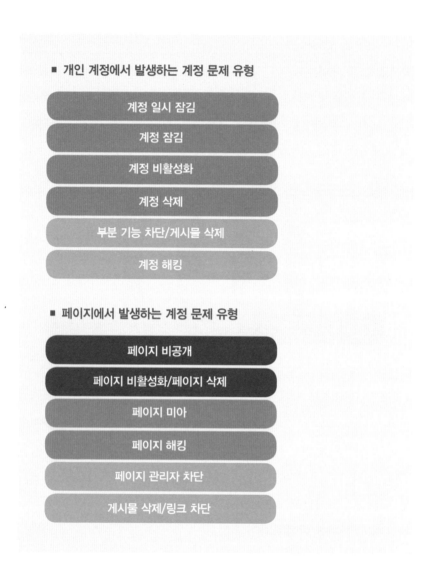

■ 개인 계정에서 발생하는 계정 문제 유형

계정 일시 잠김

계정 잠김

계정 비활성화

계정 삭제

부분 기능 차단/게시물 삭제

계정 해킹

■ 페이지에서 발생하는 계정 문제 유형

페이지 비공개

페이지 비활성화/페이지 삭제

페이지 미아

페이지 해킹

페이지 관리자 차단

게시물 삭제/링크 차단

• 페이스북 계정 이해

페이스북 마케팅에 대한 기대에 들뜬 독자들에게 무시무시한 이야기부터 시작해야 하는 필자의 마음이 무겁다. 하지만 이 문제가 현실이고 실제이고 가장 중요한 문제이기에 두 눈을 부릅뜨고 집중해서 읽어주기를 바란다. 필자는 재능기부로 페이스북 비공식 고객센터를 블로그로 (blog.naver.com/sunftown) 운영하여 페이스북 사용자들의 문제들을 상담하고 해결해 오면서 페이스북 계정 문제들을 정리하였다. 계정을 이해하면 페이스북 마케팅이 수월해질 것이다.

만약에 페이스북이 역사 속에서 사라진다면, 그 원인은 계정 문제에 기인할 것이다. 페이스북의 가장 큰 문제는 페이스북 고객센터 운영 방식에 있다. 폐쇄적인 온라인 고객센터를 운영하기에 사용자들의 목소리가 전달되지 않는다. 사용자들은 잠기고 비활성된 계정 문제가 발생하면 온라인 고객센터를 통해 이의를 제기하지만 몇 달이 지나도 답이 없는 경우가 부지기수이다. 그래서 필자는 이것을 현대판 함흥차사라고 비아냥거린다. 어쩌다가 메일로 답변을 받아 반가운 마음에 열어 보면 "어떤 이유로도 절대로 풀어 드릴 수 없습니다." 매몰찬 답변이 발신전용(no reply)으로 날아와 답장조차 할 수 없이 페이스북 세상에서 사라져야 하는 수모를 겪는다.

많은 사람들이 지푸라기라도 잡는 심정으로 페이스북코리아를 찾아가지만 "저희는 고객센터가 아닙니다. 세일즈 오피스입니다." "저희는 권한이 없습니다." "도와드리지 못해 죄송합니다." 앵무새 같은 소리만 듣고 나온다. 고객의 편에 서서 고객의 문제를 해결해 주려는 의지가 전혀 없다. 공개된 전화번호도 없다. 누구 하나 내 문제를 갖고 해결해 주려는 사람도 없다.

구글 애드워즈만 보아도 고객지원센터 대표 전화번호를 공개한다. 광고주의 입장에서 보면 고객지원센터 전화번호는 든든한 지원군인 것이다. 이러한 깜깜한 환경에서 페이스북 사용자와 페이스북 마케터는 스스로 페이스북에서 생존의 길을 찾아야 한다.

페이스북은 단순히 계정 하나가 사라지는 문제가 아님을 알아야 한다. 그 계정 속에는 사용자의 소중한 삶과 추억이 담겨 있다. 또한, 기업들의 마케팅 자산들 속에 기업의 생사가 달려 있음을 인지해야 한다. 사용자들과 페이스북 마케터들이 페이스북 계정을 신뢰하고 믿을 수 있게 해야 한다. 페이스북 계정 생존율을 90% 이상으로 올려주어야 한다. 그래야 사용자들이 소중한 사진과 동영상을 계속 공유할 수 있고, 기업들이 믿고 마케팅을 진행할 수 있다.

• 계정 안정 최적화 방법

1. 페이스북 계정 문제는 왜 발생하는가?
첫째, 페이스북의 표준 규칙을 위반하였기 때문이다.
둘째, 페이스북 보안 시스템의 과민 반응 때문이다.
셋째, 계정 해킹 때문이다.

첫째 원인을 알아보자. **페이스북 계정 잠김과 비활성화의 원인은 표준 규칙인 ① 실명 계정, ② 1인 1계정, ③ 기능 남용 행위 금지 위반에서 발생한다.**

▼ 실명 개인 계정을 유지하세요.

Facebook은 실제 알고 있는 사람들과 공유하고 교류하기 위한 사이트입니다. 모든 사용자가 실명을 사용하면 교류하는 상대가 누구인지 알 수 있습니다. 이렇게 하면 회원님이 찾고 있는 상대를 보다 쉽게 찾을 수 있을 뿐 아니라 Facebook 커뮤니티를 안전하게 유지하는 데에도 도움이 됩니다. Facebook 계정 중에 다른 사람을 가장하거나 가명을 사용하는 계정을 발견한 경우 Facebook에 알려 주세요.

회사, 제품, 애완동물 또는 유명인을 위한 계정을 원하신다면 Facebook 페이지를 만드세요.

▼ 전화번호를 사용해 복수 계정을 확인할 수 없는 이유는?

Facebook 계정은 1개만 보유할 수 있습니다. 계정에는 실제 이름이 등록되어야 합니다. 그래야만 모든 Facebook 회원이 서로의 신원을 분명히 알 수 있습니다. 자세한 내용은 Facebook 커뮤니티 표준을 참조하세요.

페이스북은 이 규정을 페이스북 시스템상에서 엄정하게 가차 없이 집행한다. 페이스북이 굳이 이러한 규칙을 고집해야 하는가에 대한 찬반이 있지만, 페이스북이 실명, 실제 사용자들로 채워져 신뢰 있는 마케팅 환경으로 유지하려는 긍정적인 효과가 있다. 필자는 이 부분에 대하여 전혀 이견이 없고, 도리어 페이스북의 정책을 지지한다. 하지만 다음에 제기하는 문제를 페이스북이 귀 기울여 들어 줬으면 한다.

페이스북은 이 규정들을 시스템 자체에 인공지능적으로 세팅하여 규칙 위반자들을 적발하였으면 한다. 예를 들어 페이스북은 가명(상호명) 사용자들을 찾아낸다. 그리고 한 대의 컴퓨터와 하나의 스마트기기에서 여러 계정이 로그인/로그아웃할 경우 1인 1계정 위반으로 인식하여 계정들을 차단한다. 여기에 페이스북의 과민한 반응의 시스템적 오류가 있다. 이로 인해 죽어 나가는 계정이 한둘이 아니다. 이 계정들 속에서는 소중한 개인 계정뿐만 아니라 마케팅적으로 중요한 계정이 포함되어 있어서 가장 문제가 된다.

바로 이 부분이 페이스북 마케터들이 가장 조심해야 할 부분이다. 마케팅 대행 회사들이 가장 실수하는 부분이고, 피해 보는 부분이다. 여러 계정이 한 컴퓨터에서 로그인/로그아웃 했다는 이유만으로 페이스북 시스템이 계정들을 한꺼번에 날려 버리는 사례가 많다. 특히 예민한 곳은 스마트기기이다. 한 대에서 몇 계정만 들락날락해도 초고속으로 계정을 날려버린다. 페이스북이 시스템을 수정하지 않는 한 페이스북 마케터들이 가장 조심해야 할 부분이다.

둘째 원인을 알아보자. 페이스북 계정 잠김과 비활성화의 원인은 페이스북 보안시스템의 예민한 반응에서 억울한 계정 살인이 일어난다. 필자는 직업상 전국을 돌아다니며 페이스북을 강의하고 있는데 놀랄 때가 많다. 페이스북 교육 중에 계정이 잠길 때가 한두 번이 아니었기 때문이다. 평소 로그인하던 브라우저가 아니거나 낯선 장소에서 로그인 시 해킹으로 의심하여 계정을 일시 차단한다. 이런 때는 지나치게 친절한 페북씨가 문제다.

페이스북은 설정/보안에 보면 사용자의 로그인 위치/로그인 브라우저/로그인 기기 종류를 기억하고 있다. 이 범위를 벗어나면 보안 시스템

〈설정/보안/로그인한 위치〉

이 작동한다. 지방 출장, 해외여행 중 이러한 일들이 발생한다. 특히, 페이스북 광고 계정 보안 시스템은 몇 배나 더 예민하게 반응한다. 페이스북 마케터는 이러한 부분까지 염두에 두어야 한다. 스스로 생존해야 하는 환경이다.

셋째 원인을 알아보자. 페이스북 계정의 문제는 해킹에 원인이 있다. 해킹은 주로 그룹에서 일반적이지 않은 형태의 게시물을 따라가다가 나도 모르는 사이에 심어진 트로이 해킹 프로그램으로 인해 아이디와 비밀번호를 도둑맞아 발생한다. 페이스북 마케터들이 가장 조심해야 할 부분이다. 국내 해커의 경우 흔적이 남아 페이스북과 경찰이 사법 공조하여 사이버 수사대를 통해 해결한 사례가 있다. 하지만 외국 해커에게 도둑맞으면 해결 방법이 없다. 정말 주의해야 할 부분이다.

2. 개인 계정 안정 최적화 방법

일반 개인 계정 사용법과 마케팅 메인 계정 사용법이 다르다. 여기에서는 마케팅 메인 계정 사용법에 대해서 다루겠다. 마케팅 메인 계정이란 페이스북 마케팅 자산인 페이지 관리, 페이스북 광고 집행, 비즈니스 관리자 운영을 담당 주관하는 계정을 말한다.

① 마케팅 메인 계정은 대표 또는 마케팅 담당자의 실명 계정(실제 생일, 실제 사진)을 사용하라

회사명, 상호명, 가명 계정으로 진행하는 마케팅은 스스로 무덤을 파는 행위이다. 대부분 사생활 노출을 우려하여 실명 계정 사용을 꺼리는데 걱정하지 않아도 된다. 페이스북은 페이지 운영자가 누구인지 노출하지 않으며 페이지 이름으로 모든 활동이 이루어지기 때문이다.

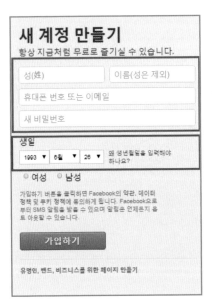

1. 실명을 사용한다.(상호명/닉네임 금지)
2. 상호명/닉네임은 다른 이름 등록
3. 이메일로 아이디를 만든다.(인증)
4. 실제 생일을 입력한다.

② 마케팅 메인 계정은 반드시 이메일 인증, 전화번호 인증을 완료 후 사용하라

스마트폰의 대중화로 대부분 스마트폰에서 페이스북을 가입하다 보니 휴대전화번호로만 회원가입하고 사용하는 경우가 비일비재하다. 하지만 가장 위험한 사용법이다. 휴대전화번호로 가입하였다면 반드시 이메일을 등록하여 인증 후 사용해야 한다. 반대로 이메일로 가입하였다면 반드시 휴대전화번호로 인증 후 사용해야 한다. 페이스북은 보안 인증 또는 신분 인증이 있어 마케팅 메인 계정 인증에 아주 중요한 수단이기 때문이다.

③ 마케팅 메인 계정은 스마트폰에서 활동하라

마케팅 메인 계정은 스마트폰에서 활동하는 계정이어야 계정 문제가 덜 발생한다. 필요하다면 마케팅 메인 계정을 위해 스마트폰을 별도로 준비할 필요도 있다. 즉 마케팅 메인 계정은 스마트폰과 컴퓨터에서 활동이 이루어져야 한다. 이렇게 해야 페이스북의 보안 시스템을 안정화할 수 있다.

④ 마케팅 메인 계정은 고정 PC 또는 노트북을 사용하라

페이스북은 로그인하는 위치와 브라우저를 기억한다. 그러므로 마케팅 메인 계정은 사용하는 컴퓨터를 지정하여 사용해야 한다. 그리고 메인 계정 지정 컴퓨터에서는 되도록 다른 계정 사용을 자제하라. 여러 계정 사용 시 페이스북 1인 1계정 위반으로 시스템에 빌미를 제공할 우려가 있다. **특히 광고를 집행하는 메인 계정은 1-PC/1-IP/1-phone을 추천한다.**

⑤ 마케팅 메인 계정은 크롬을 사용하라

페이스북은 크롬에 최적화되어 있다. 같은 페이스북이라도 익스플로러에 나오는 메뉴와 크롬에서 실행 시 나오는 메뉴가 다르다. 페이스북의 광고 또한, 크롬에 최적화되어 있다. 익스플로러에서는 광고집행이 안 되는 경우가 종종 발생한다.

⑥ 보안설정인 로그인 알림, 승인, 코드 생성기를 세팅하라

설정에서 보안 세팅하는 방법은 세 단계가 있다. 확인되지 않은 로그인에 대한 알림 받기는 새로운 기기나 브라우저 또는 다른 장소에서 로그인 시 이메일 또는 문자로 알림 받기를 설정한다.

2단계 인증 사용은 다른 기기나 브라우저, 장소에서 로그인 알림 시 본인을 확인하는 방법이다. 코드 생성기와 세트라고 생각하면 된다. 스마트폰 코드생성기에서 만들어지는 보안코드를 입력하면 된다. 보안 설정으로 해킹 방지의 효과가 있으며, 다른 PC에서 로그인해야 하는 경우 페이스북의 보안 시스템 오판으로 인한 계정 잠김도 방지할 수 있다.

3. 페이지 계정 안정화 방법

계정 문제로 상담했던 한 여직원의 눈물이 기억난다. 회사 페이지를 관리하던 중 개인 계정의 비활성화로 페이지가 미아가 되어 살려달라고 울먹이던 여직원이 있었다. 다행히 개인 계정을 복구할 수 있어서 회사 페이지를 다시 찾을 수 있었다. 이 경우는 드물지만 행운이라 할 수 있다. 그러나 대부분 복구하지 못하는 경우가 더 많다.

페이지 미아란 페이지 관리자 계정이 잠기거나 비활성화되어 페이지 관리자가 부재된 상태를 말한다. 관리자 부재가 되면 페이지에 글도 올릴 수 없고, 페이지를 죽이지도 살리지도 못하는 상황이 발생한다. 즉 페이지가 주인도 없는 상태에서 페이스북 공간에서 영원히 떠돌게 된다. 문제는 검색하면 여전히 검색되어 고객들이 미아된 페이지로 몰려간다는 데에 심각한 문제가 있다.

페이지 미아를 방지하는 법은

첫째, 앞서 설명한 개인 계정 안정화 방법으로 개인 계정을 사용하기

둘째, 비상시를 대비해 페이지 관리자를 다수 지정하기가 있다.

페이지에는 동등한 권한의 페이지 관리자를 다수 지정할 수 있다. 비상용
으로 적어도 3인 이상의 관리자를 지정해 두어야 한다. 만약에 개인 계정 하
나가 비활성화되면 남아 있는 두 개의 계정으로 페이지 관리가 가능하다.

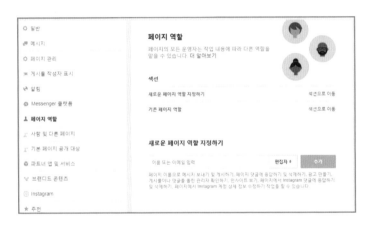

4. 그룹 계정 안정화 방법

앞으로 페이스북 그룹도 마케팅용으로 활용도가 높아질 것이다. 단순히 취미 정도의 모임이 아닌 판매 그룹의 생성으로 상품 판매 거래가 발생하는 거대한 시장이 형성될 것이다. 그러므로 그룹 계정 관리도 아주 중요하다.

그룹도 개인 계정에서 생성하고 관리한다. 마찬가지로 개인 계정이 잠기거나 비활성화되었을 경우 그룹도 미아가 되고 만다. 페이지 관리자와 같이 다수의 비상용 관리자를 지정하여 만약의 사태를 대비해야 한다.

2단계 타겟 최적화

페이스북의 독창적인 마케팅적 차별성은 타겟 마케팅이다. 페이스북의 타겟 기능은 인스타그램, 트위터, 핀터레스트, 카카오스토리(채널) 등에는 눈 씻고 봐도 없는 기능으로 오직 페이스북에만 있는 독창적인 것이다. 불특정 다수에게 마케팅하는 일방적 '푸시 마케팅(push marketing)'이 아닌 내 비즈니스에 맞는 사람들을 특정하여 마케팅하는 '타겟 마케팅(target marketing)'이 가능하게 실현해 준다.

페이스북 사용자는 페이스북에 별도의 비용을 지급하지 않고 페이스북을 사용한다. 하지만 세상에 공짜는 없는 법이다. 사실상 사용자는 자신의 정보를 팔아서 페이스북을 사용하고 있다. 페이스북은 사용자의 성별, 나이, 거주지, 학교, 직장 등 인구통계적 기본 정보에서부터 온라인 행동, 모바일 행동에 이르기까지 광범위한 정보를 수집한다. 사실 페이스북 사용자는 가장 비싼 값을 내고 페이스북을 사용하고 있다. 페이스북 시스템은 그 자체가 타겟 정보의 바다이며, 그 타겟 정보를 기반으로 한 관계를 연결해 주는 인공지능 시스템이다. 즉 페이스북 마케터는 '타겟 연결'의 시스템 원리를 통해 타겟 마케팅 최적화를 해야 한다.

그리고 페이스북은 그 타겟화된 빅데이터를 광고주에게 제공한다. 광고주는 페이스북으로부터 타겟팅 빅데이터와 타겟팅 시스템을 제공받아 타겟 집중 광고를 통해 광고 효율을 극대화할 수 있다. 페이스북 마케팅은 타겟 마케팅 시스템의 활용 역량에 따라 달라진다.

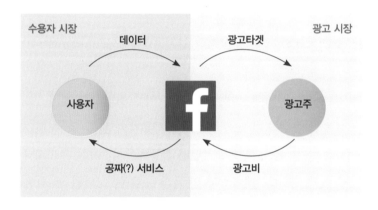

• 페이스북 타겟팅의 원리

페이스북 마케터는 페이스북이 어떻게 타겟을 특정하여 추적하는지 파악할 필요가 있다.

첫째, 페이스북은 사용자들의 정보를 모으고 분석하는 빅데이터 기능은 물론 그 빅데이터를 상호 연결(GRAPH)하는 시스템 체계이다.

페이스북은 풍성한 Social Graph를 위해 나이, 지역, 직장, 학교, 종교, 연애관계 등 개인정보를 가장 많이 요구한다. 이것이 SNS로서의 풍성한 경험을 위한 Social Graph를 만드는 페이스북만의 지능화된 시스템 체계이다.

바로 이 시스템 덩어리가 마케팅으로 각색되면 '타겟팅의 원석'이 된다. 나이 타겟, 지역 타겟, 직장 타겟, 학교 타겟, 종교 타겟, 연애관계 타겟이라는 획기적인 마케팅적 타겟팅 기반이 만들어진다. 실례로 개인 계정 프로필 정보에서 특정 학교를 입력해 보라. 곧 '알 수도 있는 친구'에 특정 학교와 연관된 사람들의 프로필 사진들이 올라올 것이다. 즉 페이스북 사용자의 기본 정보는 타겟 마케팅을 위한 연결 고리가 된다. 이 타겟 연결 고리를 통해 타겟 구성을 이룰 수 있다.

둘째, 페이스북의 가장 큰 타겟팅 시스템으로는 페이스북 광고 시스템이 있다.

페이스북의 빅데이터는 그야말로 슈퍼 빅데이터이다. 페이스북은 프로필 정보뿐만 아니라 페이스북 내에서 사용자의 행동, 즉 어떤 페이지를 좋아요하는지, 어느 그룹에 가입해 활동하는지, 어떤 콘텐츠나 광고에 반응하는지, 그리고 페이스북 외 온라인 행동, 모바일 앱 활동을 분석하고 빅데이터화로 만들어 페이스북 광고에서 맞춤 타겟과 관심사 타겟으로 최적화해 준다.

페이스북 마케팅에 있어 '타겟 마케팅' 없는 마케팅 방법은 팥 없는 찐빵이다. 즉 어떻게 타겟팅하는가에 마케팅의 성패가 달려 있다는 것이다. 페이스북 마케팅 전문가가 되려면 먼저 페이스북에서 타겟, 타겟팅 시스템이 작동하는 원리를 찾아 따라가 보라. 그리고 직접 실험해 보라. 원하는 마케팅적 결과가 산출되도록 타겟 마케팅 시스템을 최적화해야 한다.

• 타겟팅 최적화 방법

1. 내 타겟을 정의하라

마케팅 교육을 하면서 내린 결론은 사업하는 사람들이 뜻밖에 자기 사업의 타겟에 대한 정의가 없다는 사실이다. 자기 사업 타겟의 인구통계적 정의(성별, 지역, 나이 등)와 사업 키워드 분석이 전혀 되어 있지 않았다. 많은 마케팅 플랫폼이 있지만 어떠한 것도 타겟팅을 제공해 주는 것이 없었고, 마케터들에게 타겟에 대한 정의를 요구하지 않기 때문이다. 그저 광고비를 많이 쓰게 하여 불특정 많은 사람들에게 노출하는 노출 마케팅이 대부분이었다.

페이스북 마케팅에서는 철저한 타겟 마케팅적 접근이 필요하다. 왜냐하면, 페이스북 시스템 자체가 타겟 마케팅 시스템이기 때문이다. 즉 타겟 마케팅적 사고로 페이스북 마케팅을 접근해야 한다.

먼저 인구통계적(지역, 성별, 나이 등) 타겟 분석을 하라. 내 타겟 고객의 지역적 범위, 성별적 구분, 연령적 범위를 특정해야 페이스북 마케팅에 막힘이 없다.

다음으로 페이스북 사용자의 온라인 행동과 모바일 행동을 기반으로 한 키워드(관심사) 타겟을 분석하라.

지금까지 키워드가 온라인 마케팅에서는 검색 노출 순위가 관건이었다면, 페이스북 마케팅에서는 키워드가 타겟 그 자체가 된다. 페이스북은 사용자들의 페이스북 행동과 온라인 행동과 모바일 행동을 데이터화하여 관심사라는 영역으로 키워드적 분류를 거친 뒤 제공해 준다. 그러므로 페이스북 마케터는 페이스북에서 제공하는 타겟화된 빅데이터를 사용하기 위해 내 고객 타겟의 관심사 키워드를 분석해야 한다.

포털 사이트에서 제공하는 키워드 분석 도구를 사용하여 내 고객들이 사용하는 키워드들에 대해 정리하라.

인구통계타겟 (성별, 나이, 지역 등)	
키워드타겟 (관심사)	

2. 타겟팅 시스템을 파악하라

페이스북에는 인공지능적으로 작동하는 기능들이 있다. 바로 페이스북 마케터들이 활용할 수 있는 최고의 기능인 인공지능적으로 작동하는 타겟팅 시스템이다.

페이스북 사용자가 입력하는 프로필 기능은 단순히 이력서 정보를 모으는 창고가 아닌, 사용자 정보를 기반으로 정보에 관계된 사람들을 추적하는 인공지능이 작동하며, 마케팅적으로는 타겟 추적으로 활용할 수 있다. 즉 페이스북 사용자가 직장 정보를 입력하면 그 정보를 근거로 같은 직장을 입력한 사람과의 상호 관계성을 추적한다. 그리고 "알 수도 있는 친구"로 상호 노출하여 친구관계 형성을 유도한다. 페이스북 마케터는 이 기능을 사용하여 페친들을 내 비즈니스의 타겟들로 구성되게 유도할 수 있다.

또한, 페이스북 광고의 "맞춤 타겟" 기능 중 특정 웹페이지와 앱에 픽셀(pixel) 설치 후 웹과 앱 방문자를 타겟으로 추적해 리마케팅을 가능하게 한다.

이러한 페이스북의 타겟팅 능력을 마케팅에서 활용하면 최신의 타겟 정보를 기반으로 한 마케팅이 가능하다.

3. 타겟 데이터를 확보하라

「개인정보보호법」이 강화되면서 이메일, 문자의 대량 발송이 어려운 상황이 되었다. 그러나 **페이스북에서는 데이터인 이메일과 휴대전화번호만 있으면 기가 막힌 타겟 마케팅을 진행할 수 있다. 운영하는 홈페이지와 쇼핑몰, 그리고 매장의 회원관리 프로그램을 통해 타겟 데이터를 확보하라. 페이스북에서 사용할 수 있는 타겟 데이터는 이메일과 휴대전화번호이다. 이 타겟 데이터가 페이스북 마케팅의 '타겟 씨드(Target Seeds)'가 된다.**

타겟 이메일은 메일 주소록에 등록 후 페이스북과 동기화해서 페이스북 시스템에 의해 '알 수도 있는 친구' 노출을 통해 자연스럽게 페친으로 연결할 수 있다. 타겟 휴대전화번호는 이메일 주소록 또는 휴대전화 주소록을 통해 동기화하여 사용할 수 있다. 페이스북은 이메일과 휴대전화 소유자의 페이스북 프로필과 매칭 후 동기화하기 때문에 서로 교차하여 알 수도 있는 친구를 매개로 페친으로 연결해 준다. 즉 타겟 페친으로 구성할 수 있는 환경을 만들어 주는 것이다.

페이스북 광고에서 타겟 데이터는 맞춤 타겟으로 사용된다. Target Seeds인 맞춤 타겟을 유사 타겟으로 확장하여 폭넓은 타겟군을 형성할 수 있다. 이 맞춤 타겟과 유사 타겟은 타겟 데이터의 소유주들에게 지정 타겟 광고를 보낼 수 있다. 광고 시스템을 활용하면 더욱 정밀한 타겟팅 기법을 사용할 수 있는 것이다.

4. Biotope(타겟 군락지)를 만들어라

페이스북은 최적의 Biotope(타겟 군락지) 환경으로 잠재 고객 관리 시스템을 제공한다. 개인 계정에서 페친들로 타겟 군락지화할 수 있고, 페이지에서 좋아요 팬들로 타겟 군락지화할 수 있고, 그룹에서 회원들로 타겟 군락지화할 수 있다. 페이스북은 여러 방면에서 타겟들을 잠재 고객화하는 Biotope을 만들어 운영해야 한다.

페이스북 마케팅은 그 자체가 타겟 마케팅이다. 페이스북 마케팅은 타겟을 특정하고, 타겟팅 시스템과 타겟 데이터를 활용한 타겟 기반의 프로필 페친 구성, 페이지 좋아요 팬 구성, 그룹 타겟 회원 구성과 맞춤 타겟 광고를 통한 최적화를 통해 성과가 달성된다.

4-3 3단계 광고 최적화법

• 페이스북 광고 시스템

많은 사람이 페이스북 광고를 부정적으로 평가한다. 페이스북이 광고로 돈 벌려고 고의로 페이지 도달률을 저하시켰다고 한다. 하지만 페이스북 광고를 집행해 보면 광고비 이상의 가치를 발견하게 된다. 광고비가 아깝지 않다는 생각을 하게 만든다.

페이스북 마케팅의 정점은 페이스북 광고다. 페이스북 광고는 추수하는 타작 기계와 같다. 프로필, 페이지를 통한 콘텐츠 마케팅의 마지막 수확은 페이스북 광고를 통하여 완성된다. 마케팅의 목적이 매출 극대화라고 한다면 페이스북은 매출 극대화를 이루게 해 주는 최고의 타작 기계다. 이제는 페이스북 광고로 먹고사는 사업가들이 한둘이 아니다. 갈수록 페이스북 광고 의존율이 높아지고 있다.

페이스북 광고 시스템은 경이로움 그 자체다. 특히 타겟에 최적화된 광고시스템은 최고의 걸작이다. 다양한 업종의 광고를 집행하면서 테스트를 해 보면서 페이스북 광고의 위대함을 경험하였다. 광고를 보고 사람들이 몰려오고 반응하고 달려가고 구매하는 등 정말 기적 같은 일들이 페이스북 광고에서 일어난다. 과연 이 업종은 페이스북에서 통할까? 그 의구심은 광고를 시작하면 얼마 지나지 않아 순식간에 사라진다. 기대 이상의 결과물을 선물해 주는 것이 페이스북 광고이다.

페이스북 광고 시스템은 최고의 마케팅 무기이다. 필자는 페이스북 광고에 토마호크 크루즈 미사일이라는 별명을 붙였다. 정말 최고의 명중률과 파괴력을 가진 토마호크 크루즈 미사일과 똑같다고 해도 과언이 아니다. 토마호크 미사일은 발사되면 GPS 항법장치에 의해 입력된 목표 타겟을 정확히 명중 타격한다. 페이스북 광고는 고도의 정밀한 타겟팅 항법장치 시스템을 탑재하고 있다. 페이스북의 타겟을 찾아가는 기술은 예술이며, 경이롭기까지 하다.

• 페이스북 광고 최적화법

1. 광고를 OPT-IN 3단계 컨설팅하라

토마호크 미사일 발사의 원리도 3단계로 이루어진다. 가장 먼저 목표 타겟을 정한다. 다음 무기를 정하고, 최적의 시간에 발사한다. 페이스북 광고에서도 타겟을 정하고, 무기(광고 콘텐츠)를 정하고, 집행한다.

구분	컨설팅
타겟	
콘텐츠	
시간	

페이스북 광고는 이 3단계 OPT-IN 컨설팅에 따라 좌우된다. 즉 세 가지 조합에 따라 광고 성과가 달라진다. 노출과 클릭 단가는 낮아지고 구매전환율을 올리는 효과를 얻을 수 있다.

$$\text{CPM} \downarrow + \text{CPC} \downarrow + \text{CTR} \uparrow = \text{ROI} \uparrow$$

CPM: Cost Per Mille; 광고 1,000회 노출 예상 비용
CPC: Cost Per Click; 클릭수당 예산
CTR: Click Through Rate; 클릭률
ROI: Return Of Investment; 투자대비 수익률

2. 광고 타겟을 구성하라

페이스북 광고 시스템의 백미는 타겟팅에 있다. 또한, 페이스북 광고의 성패는 타겟팅의 정밀함에 달려 있다. 페이스북 마케터는 타겟을 탐색하는 본능적인 감각이 있어야 한다. 그리고 타겟을 찾아내는 능력을 갖추어야 한다.

먼저 페이스북 광고 타겟 종류를 이해하자. 타겟 종류에는 인구통계 타겟, 맞춤 타겟, 유사 타겟, 관심사 타겟이 있다.

첫째, 인구통계 타겟은 국가, 지역, 성별, 나이, 언어로 타겟팅한다.

페이스북 광고는 국경을 초월한다. 국내에서 해외 특정 국가를 타겟팅하여 광고할 수 있다. 필자도 캐나다와 미국을 타겟팅하여 광고를 집행해 본 적이 있다. 어땠냐고 묻는다면, 환상 그 자체였다. 한국에서 미국

사람들을, 캐나다 사람들을 조종할 수 있다니 말이다.

페이스북이 지역 사업자들을 위해 최고의 선물을 제공했다. 시(市) 중심의 지역 타겟팅에서 특정 지점 핀(Pin) 중심으로 반경을 지정하여 타겟팅하는 시스템으로 변경하였다. 모바일 환경에서는 실시간 지역 타겟팅을 제공한다. 즉 핀 반경 안에 실제 위치하고 있는 사람들을 대상으로 광고 집행이 가능하다.

남성 비뇨기과 광고를 집행하면서 남자만을 타겟팅할 수 있다는 것이 광고주 입장에서 얼마나 소중한가를 경험하였다. 사실 인구통계 타겟 필터링만으로 광고주는 광고비용을 절약할 수 있고, 광고 효율을 극대화할 수 있다.

둘째, 맞춤 타겟은 페이스북 광고 시스템의 가장 강력한 기능 중 하나이다.

맞춤 타겟은 웹사이트 방문자 맞춤 타겟과 타겟 데이터 맞춤 타겟으로 구성된다. 타겟 데이터 맞춤 타겟은 고객의 이메일과 휴대전화번호로 만들어진다. 타겟 고객의 이메일과 휴대전화번호를 업로드하면 페이스북 시스템은 페이스북 사용자를 매칭하여 맞춤 타겟으로 만들어 준다. 그리고 웹사이트에 픽셀을 설치하여(홈페이지, 쇼핑몰, 모바일 앱) 방문자를 추적 매칭하여 맞춤 타겟을 만들어 준다.

셋째, 유사 타겟은 Target Seeds인 맞춤 타겟을 확장하여 만들어지는 타겟이다. 맞춤 타겟은 모수가 적을 때 유사 타겟으로 확장하여 타겟 광고를 집행할 수 있다.

넷째, 관심사 타겟은 페이스북 사용자의 페이스북 행동, 온라인 웹 행동, 모바일 앱 활동을 추적하는 빅데이터로 만들어진다. 사실 페이스북에서는 별도로 관심사 타겟이라는 용어를 사용하지 않는다. 하지만 필자는 관심사 타겟이라는 용어로 분류하여 교육한다. 왜냐하면, 페이스북 타겟팅 기술 중 고도의 기술력이 투자된 영역이기 때문이다.

3. 광고 콘텐츠 기법을 활용하라

페이스북 광고에서 콘텐츠는 무기이다. 어떤 무기를 사용하는가에 따라 파괴력이 달라진다. 광고 콘텐츠의 실패는 불발탄이다. 광고비만 소진한다. 페이스북은 단일 이미지 콘텐츠, 슬라이드 이미지 콘텐츠, 동영상 콘텐츠, 슬라이드쇼 등 다양한 광고 콘텐츠를 지원한다. 이 콘텐츠 유형을 활용하여 최적화된 광고 콘텐츠를 만들어 광고해야 한다.

어도비(Adobe) 사에서 Adobe Media Optimizer를 이용해 유럽, 아시아, 미국, 오스트리아의 페이스북 광고 이미지 1,700건을 분석하여 사용자들의 반응을 높이는 5가지 방법을 소개했다.

■ 반응을 높이는 5가지 방법

1. 여성의 이미지를 활용한 광고가 남성 이미지보다 조회 수가 **2배** 이상 높다.
2. 광고로 보이도록 브랜드 광고에 자신의 제품을 표시하는 것이 중요하며, 시각적으로 매력적인 보석 및 시계가 조회 수가 높다.
3. 단색의 배경이 반응률이 높으며, 특히 보라색과 노란색 반응이 더 높다.
4. 클로즈업해서 한 눈에 알아볼 수 있는 이미지의 조회 수가 높다.
5. **10대** 사용자들의 비해 **51~60세**의 사람들을 타겟팅한 광고의 조회 수가 **2.5배** 높다.

Ladies outperform men

Having people present in ad images improves the overall click-through rate. Ads with images of females are twice as likely to be clicked compared to ads with images of males

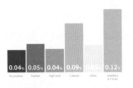

Show your product

It's important for brands to show their products in ad images. Visually appealing products, like jewellery and clocks, achieve higher click-through on Facebook ads.

Type of background

The kind of background used in the ad image is important. Uniform backgrounds (such as those with a solid colour) and nature backgrounds have the highest CTR.

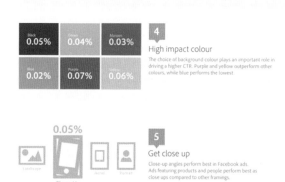

4. 광고 계정을 최적화하라

페이스북 마케팅에서 개인 계정만큼 중요한 것이 광고 계정이다. 또한, 가장 까다로운 것이 광고 계정이다. 페이스북 보안 시스템은 광고와 관련하여 가장 예민하게 반응한다. 조금만 이상한 활동이 발생하면 페이스북 시스템은 광고 계정부터 잠그고 인증을 요구한다.

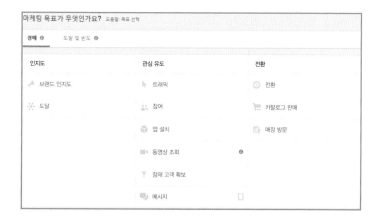

이의를 제기하면 페이스북은 일단 광고주를 사기꾼으로 취급한다. "사기로 의심되는 활동……." 페이스북 관계자는 이 글을 보면 페이스북 본사에 반드시 알려 주기를 바란다. 어째서 페이스북 보안 시스템의 과민 반응으로 발생한 문제를 가지고 광고주를 사기꾼으로 만들어 버리는가? 아니면 번역을 다른 말로 바꾸어야 한다. 정말 기분이 나쁘다.

만약 비활성화된 광고 계정을 복구하지 못하면 그동안 광고하였던 데이터와 타겟 데이터가 일시에 사라지며, 무엇보다 다시 광고해야 하는데 광고를 집행조차 못하는 최악의 심각한 상황이 발생한다. 필자는 페이스북 광고수리센터를 운영하면서 광고하고 싶어도 하지 못해 매출이 반으로 줄어 발을 동동 구르는 광고주들의 눈물을 보았다. 그 페이스북은 흔한 전화기 한 대만 설치해도 광고주들을 도울 수 있다.

■ 광고 계정 문제 유형

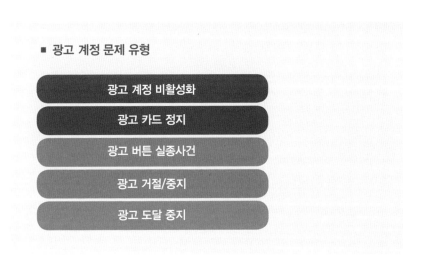

광고 계정 비활성화

광고 카드 정지

광고 버튼 실종사건

광고 거절/중지

광고 도달 중지

① 광고 계정은 실명, 스마트폰 활동 계정에서 사용하라

페이스북 광고 관련해서 페이스북 보안 시스템이 가장 예민하게 작동
된다. 그러므로 광고하는 계정은 허위 계정, 상호명 계정을 사용해서는
안 된다. 언제든 신분 인증 시 인증할 수 있어야 한다. 특히 컴퓨터에서
만 사용하는 계정은 위험하므로 스마트폰에서 실제 활동하는 계정이 안
전하다.

② 페이스북 광고는 크롬 브라우저에서 사용하라

페이스북 광고 집행 시 광고 멈춤, 광고 도달 중지 등 광고 에러가 종종 발생한다. 광고 에러를 줄이는 방법으로 브라우저로 크롬 사용하기가 있다. 페이스북 광고는 크롬에 최적화되어 있고, 광고제작 앱인 파워에디터의 경우 크롬에서만 실행된다.

③ 페이스북 광고 결제는 체크카드를 사용하라

페이스북 광고 결제는 신용카드보다는 체크카드를 사용하라. 페이스북 광고 집행 시 종종 광고 계정 비활성화가 발생한다. 이때 광고 계정 결제 수단으로 등록하여 사용하던 카드는 다시는 페이스북 광고에 등록해 사용할 수 없다. 다시 결제하려면 다른 카드 번호를 사용해야 하는데 신용카드는 발급 시 시간이 오래 걸린다. 지속해서 광고를 집행해야 하는 경우 상당한 손해가 발생한다. 반면에 체크카드는 발급이 훨씬 쉽고 빨라 카드 공급이 수월하기 때문이다.

④ 광고 결제 카드는 되도록 계정 이름과 동명의 카드를 사용하라

광고 결제 카드는 광고 집행 계정 이름과 달라도 아무 문제 없다. 페이스북도 용인하는 부분이다. 문제는 광고 계정 비활성화 후 인증 시 작성하는 부분이 복잡하다. 그래서 동명 카드를 사용하는 것이 절차상 간단하다.

⑤ 광고 결제 카드는 1계정에만 사용하라

광고 결제 카드 1개는 1계정에만 사용해야 한다. 같은 카드를 두 계정에 사용하면 어느 날 갑자기 광고 계정이 비활성화되면서 "사기로 의심되어 ……" 졸지에 페이스북 마케터에서 사기꾼으로 전락한다. 반대로 광고 계정 하나에는 여러 카드를 등록해 사용한다. 단 여기에 등록한 카드는 다른 계정에 중복으로 사용해서는 안 된다. 1-카드/1-계정 원칙을 준수하라.

세계적인 역사학자 훔볼트에 의하면 인간은 "언어가 보여주는 대로 현실을 인식한다"고 했다.

1. 확실히 꼭! 꼭! 찍어서 표현하기
▶ 관념 · 추상 · 포괄 · 일반 · 막연한 말은 사용하지 않는다.

　예) ✘ 저는 외국어를 능숙하게 하는 지원자입니다

　　　⭕ 저는 호주에서 25년간 어학연수를 했으며, 외국인과 일상 대화 시
　　　　 전혀 문제 없습니다.

　　　✘ 조리법은 누구나 하기 쉽습니다.
　　　⭕ 전자레인지에 5분만 돌리면 요리가 됩니다.

2. 문제해결하기
▶ 실용적 근거로 자극하기

　예) 초콜릿이 손에 녹는 문제를 희석
　　　"손에 녹지 않고 입에 녹아요."

3. 돈과 연결하기
　예) 이것의 가치는 1억 원의 가치와 동등합니다.

4. 뇌리에 착 달라붙게 하기
　예) '에일리언'이란 영화 소개 시
　　　✘ 우주괴물이 등장하는 우주 호러물
　　　⭕ "우주 버전의 '조스'" 라고 소개함

　　　✘ 우리나라 1인당 가계부채가 3,500만 원
　　　⭕ 모든 국민이 10년 동안 점심을 걸러야 갚을 수 있는 돈

5. 유머러스하게 꾸미기

예) 멍청하게 죽는 6가지 방법

1. 머리카락에 불 붙여서 홀랑 타는 경우

2. 괜히 막대기로 곰 찔러서 잡아 먹히는 경우

3. 유통기한 지난 약 들이부어서 꼴까닥 하는 경우

4. 토스트 빵 포크로 꺼내다가 전기에 지져지는 경우

5. 빨래 건조기 안에 숨었다가
영혼까지 탈탈 건조되는 경우

6. 이걸 몰라서 억울해 죽는 경우

6. 개인의 이기심에 호소하기

▶ 특징이 아닌 소비자가 얻을 수 있는 이득에 대해 말하기

예) ✘ 해당 화장품은 미네랄 함량이 30% 포함

○ 해당 제품을 바르면 "미네랄 효과로 피부 자체발광"

7. 감성으로 사람 끌어들이기

예) "문을 열면 바로 유럽이 있다 "– 〈프랑스 철도청〉 광고 문구

"자기, 나 지금 내 생애 최고의 경험을 하고 있어. 나 도브에 완전히
빠졌어!" – 〈도브〉 광고 문구

8. 은근히 불안감 조성하기

▶ 이 세상 모든 사람들은 불안을 두려워하는 것을 이용하는 방식이다.

예) 다른 학생들은 이미 사용하여 벌써 효과를 보고 있습니다.

사용하지 않으면 뒤처집니다.

4단계 협업 네트워크 최적화

사업주는 사업의 흥망성쇠를 가르는 마케팅 전투에서 단기필마로 싸워야만 한다. 마케팅은 참으로 외로운 작업이다. 오로지 내 마케팅 능력으로 모든 것이 좌우되는 고독한 작업이다. 적자생존의 냉엄한 현실이 마케팅이다. 회사에서도 마케팅 담당 직원이 있다. 모든 책임이 소수의 사람들에게 지어진다. 하지만 "마케팅은 혼자하면 필패한다. 하지만 함께하면 필승한다."

요즘 마케팅도 협업 마케팅이 대세다. 블로그 협업 마케팅이 가장 활발하다. 일정한 시간에 모여 서로의 블로그 포스팅에 댓글, 공감, 스크랩하여 블로그 지수를 올리는 협업을 품앗이처럼 한다. 부정적으로 평가하는 사람도 있겠지만 아름다운 모습도 있다. 적자생존의 경쟁에서 협업할 수 있다는 것에 의미가 있다.

• 마케팅 공동체
페이스북 마케팅에는 가능한 협업 기능이 유난히 많다. 페이스북 마케팅은 협업 마케팅의 보고이다. 페이스북은 마케팅 공동체를 만들어 준다. 가족, 친구, 직원들을 통한 마케팅 네트워크를 만들 수 있다. 프랜차이즈들은 전국의 지점들을 전국 네트워크로 만들어 공동 마케팅을 진행할 수 있다.

페이스북 마케팅 협업의 예

페이스북 마케팅 공동체 협업을 하면

첫째, 보이는 효과가 나온다. 페이스북 마케팅의 첫 출발은 좋아요 숫자이다. 아무리 좋은 콘텐츠라도 좋아요 숫자가 없으면 사람들의 관심을 끌지 못한다. 협업 네트워크를 통한 좋아요 숫자의 획득은 마케팅을 위한 기초가 된다.

둘째, 도달/확산의 효과이다. 페이스북의 좋아요, 댓글, 공유는 기본적으로 도달/확산 시스템이다. 페이스북에서의 모든 행동은 친구들에게 알림이 간다. 협업 네트워크는 기본적으로 도달/확산의 효과를 가져다 준다.

셋째, 함께하는 기쁨을 준다. 외로운 마케팅의 현실에서 함께하는 마케팅 공동체의 즐거움을 선물한다.

페이스북에서 진행할 수 있는 협업은 크게 두 가지로 나눌 수 있다.

① 페친들을 활용한 협업
- 친구 추천
- 페이지 좋아요 초대
- 그룹 회원 초대

② 좋아요/댓글/공유 협업 네트워크
- 친한 친구 및 먼저 보기
- 페이지 알림 받기 및 먼저 보기

- 협업 네트워크 최적화법

1. 협업 네트워크를 구성하라
함께할 마케팅 공동체를 구성하라. 가족, 친구, 직원 중에 페이스북 마케팅에 함께할 사람들을 정리하고, 협조를 구하라.

구분	협업
가족	
친구	
직원	
페친	

2. 친구 추천으로 친구 늘리기를 협업하라

페이스북 마케팅의 첫걸음이 페친 만들기다. 가장 어려운 것 또한, 페친 만들기다. 그런데 가장 실패하는 것이 "알 수도 있는 친구"이다. 필자는 이 알 수도 있는 친구를 '지뢰밭'이라고 부른다. 알 수도 있는 친구를 보면 신기하게도 정말 알 수도 있는 사람들이 많다. 그래서 친구 추가를 하다 보면 경고창이 뜬다. 무시하고 진행하면 계정이 잠기거나, 신분 인증을 요구하거나, 아예 계정이 비활성화되는 사태가 발생한다.

페친을 만드는 방법은 주변 지인들의 도움을 구해 친구 추천을 부탁하라. 페친을 많이 만들 수 있다. 그때부터 페이스북의 관계의 문이 열려 여기저기서 친구 신청이 들어온다.

협업 네트워크를 구성해 서로의 페친들을 친구 추천해 보라. 몇백 명, 몇천 명을 단기간에 만들 수 있다. 이것이 협업의 파워이다.

3. 페이지 좋아요 초대로 페이지 키우기를 협업하라

페이지를 만들어 놓고 보면 막연함이 앞선다. 좋아요 팬이 덩그러니 나 혼자다. 이때 걱정하지 말고 페친들을 페이지 좋아요 초대하라. 컴퓨터보다는 모바일에서 하는 것이 손쉽다. 페친과의 관계를 통해 신뢰 마케팅이 진행되기에 많은 수가 페친의 요청에 응답해 준다.

또한, 이 기능의 장점은 페이지 개설자 또는 관리자의 페친들만 초대할 수 있는 것이 아니라 좋아요 팬이된 모든 사람이 자기의 페친들을 페이지 좋아요로 초대할 수 있다. 가족, 친구, 직원들의 협업 네트워크 구성원들이 각자의 페친들을 페이지로 초대한다면 기본적인 마케팅의 토대를 만들 수 있다.

이 협업 네트워크를 통해 많은 마케팅의 효과가 분명히 나온다.

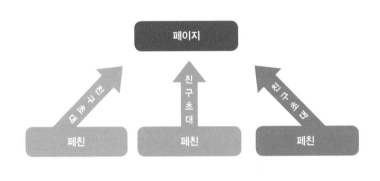

4. 그룹 회원 늘리기를 협업하라

페이스북 3종 세트 중에서 회원 수 늘리기 가장 쉬운 것이 그룹이다. 그룹회원이 되는 방법은 두 가지가 있다. 하나는 사용자가 회원 가입을 신청하는 방법, 두 번째는 페친들을 회원으로 일방적으로 추가, 일명 '보쌈'해 오는 방법이다. 이 보쌈은 페친의 동의 없이 진행된다. 강제로 회원 가입 당한 사용자는 탈퇴의 자유만 있다.

바로 보쌈의 방법으로 페친들을 강제로 회원으로 편입시켜 그룹의 회원 수를 확보할 수 있다. 이것도 마찬가지로 운영자의 페친만 회원을 보쌈할 수 있는 것이 아니라 회원 누구나 자신의 페친들을 그룹으로 보쌈할 수 있다.

협업 네트워크의 구성원들이 자신의 페친을 보쌈하면 단기간에 몇천 명의 그룹을 만들 수 있다.

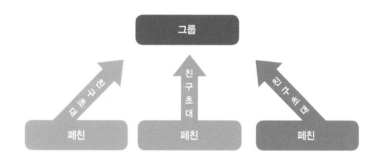

5. 좋/댓/공 네트워크 협업하기

협업 네트워크를 통한 마케팅 공동체는 페이스북 마케팅의 최고 기능이요, 효과이다. 페이스북 마케팅을 연구하면서 발견의 기쁨이 '협업 네트워크'의 연결 고리인 '친한 친구', 페이지의 '알림 받기'이다. 이 연결 고리를 통해 페이스북에서는 강력한 네트워크를 구성할 수 있다. 단순히 SNS를 위한 관계를 만드는 연결 고리이지만, 마케팅적 용도로는 힘 있는 협업 네트워크를 구성해 준다.

놀라운 사실은 페이스북에는 친구에도 등급이 있다는 것이다. 친한 친구, 친구, 아는 친구, 먼 친구처럼 네 등급으로 분류한다.

1등급 '친한 친구'로 등록하면 자동 알림 받기가 되며 친한 친구가 글을 쓰면 스마트폰에는 푸시 알림이 뜬다. 친한 친구의 소식은 알고리즘의 지배를 받지 않고 항상 빠짐없이 뉴스피드 상단에 보여준다. 친한 친구 기능은 PC에서만 된다. 모바일에서는 먼저 보기를 하면 된다.

2등급 '친구'로만 해 놓으면 뉴스피드 알고리즘 정책에 따른 소식이 뉴스피드에 배달된다. 주로 상호 반응에 따른 친밀도 인게이지 지수로 작동된다.

3등급 '아는 친구'로 등록하면 한마디로 '그렇고 그런 사이'로 뉴스피드 알고리즘의 문이 조금은 확실히 좁아지는 것을 느낄 수 있다. 즉 그 페친의 소식은 간혹, 드문드문, 잊을 만하면 보일 듯 말 듯하다.

4등급 '먼 친구'는 설정에서 등록할 수 있는데, 먼 친구 등록을 해 놓으면 페친일지라도 페이스북에서 얼굴 볼일은 없게 된다.

협업 네트워크 구성원들끼리 친한 친구를 맺으라. 그러면 서로 마케팅 공동체 협업 네트워크가 구성된다. 그리고 서로의 포스팅에 대해 좋아요, 댓글, 공유로 반응해 주자.

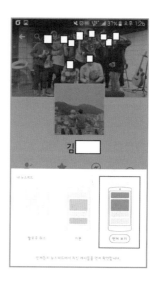

6. 페이지 알림 받기 및 먼저 보기로 좋/댓/공을 협업하라

페이스북 페이지 마케팅은 협업 마케팅에 최적화되어 있다. 함께하는 마케팅 공동체를 만들어 준다. 갈수록 페이스북 페이지의 도달률이 하락하고 있다. 이것이 페이지를 만들어 마케팅을 본격적으로 시작하려는 사람들의 기를 꺾고 있다. 심혈을 기울여 포스팅하지만 도달률이 팬 수 대비 5% 이하의 현실에 자괴감이 들 정도다.

이 페이지 알고리즘을 극복하는 방법으로 좋아요 팬들을 활용하는 방법이 있다. 페이지 팬들에게 '알림 받기'를 통해 네트워크를 구성하는 것

이다. 이 알림 받기(모바일 먼저 보기)를 하면 알고리즘에 의한 도달률 하락을 초월할 수 있다. 팬들이 페이지 알림 받기를 하면 페이지에 글이 올라갈 때마다 푸시 알림을 받을 수 있다. 팬들을 서포터즈로 활용하여 푸시 알림이 올 때마다 좋아요, 댓글, 공유하기를 훈련하면 좋다.

7. 전국 협업 네트워크를 만들어라

페이스북 마케팅 공동체인 협업 네트워크는 프랜차이즈 등 전국적인 지점을 운영하는 경우에 적합하다. 전국 각 지역의 지점들과 직원들 그리고 고객들을 활용해 매일 전국에서 바이럴(입소문)을 생산하면, 전국적인 브랜드 가치가 높아지는 효과가 나온다.

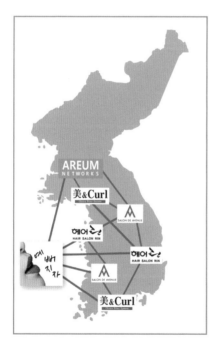

- **페이스북 사용자가 선호하는 이용 요일 빈도**

  목요일 〉 금요일 〉 일요일 순

  통계에 따르면 해당 요일은 다른 요일보다 15% 이상 높은 클릭률을 보인다.

- **페이스북 사용자가 선호하는 콘텐츠**

  사진 〉 동영상 〉 글 〉 링크

- **페이스북 사용자가 선호하는 링크**

  짧게 줄여 쓴 링크의 클릭 수가 약 3배 이상이라는 통계가 있다.

- **페이스북 사용자가 선호하는 텍스트의 길이**

  Buddy Media Report에 의하면 글을 80자 이하로 작성하는 것이 그 이상
  일 때보다 약 27% 높은 클릭률을 보인다.

- **페이스북 사용자의 엣지랭크를 관리하라**

  친구들의 뉴스피드에 노출되는 순서를 엣지랭크(Edge Rank)라고 하는데,
  이는 친구 간 친밀도/호응도/콘텐츠의 가중치로 계산되어 노출된다. 친구
  들 간 가장 가중치 높은 액션은 공유하기 〉 댓글 〉 좋아요 순이다.

- **페이스북 사용자에게는 반복이 효과적**

  광고 중 20%가 기억된 하루가 지나면 그중 30%가 잊힌다. 결국 하루가 지
  나도 머릿속에 남는 광고는 2% 미만인 셈이다. 그래서 일관성 있는 반복,
  즉 반복의 미학이 중요하다.

- **페이스북 사용자는 단순하지 않다**

  어느 때는 드러내지 않고 광고하는 것이 오히려 호감을 얻을 수 있다. 즉
  네이티브 광고도 효과적이다. 고객이 광고라고 느끼기 어려울 정도로 일반
  콘텐츠와 비슷한 형태의 광고 메시지를 제작하는 기업 페이스북 페이지나
  타임라인에 이용하는 것이 효과적이다.

제5부

마크 주커버그도 모르는 페이스북 마케팅 그래프 7대 비법

f

어느 날 페이스북이라는 벼락을 맞았다.

페이스북에서 보물인 마케팅의 원석을 찾았나.

마케팅 원석을 가공하는 일로 세월 가는 줄 몰랐다.

내게는 아주 신나는 경험이요, 즐거움이었다.

나 또한 페이스북을 단순히 SNS로 보았다면 이러한 즐거움은 없었을 것이다.

페이스북은 최고의 인공지능 마케팅 로봇이다.

이것이 페이스북이 나를 사로잡은 부분이다.

그중에 가장 흥미를 끌었던 것은 "타겟 마케팅" 방법이었다.

페이스북 마케팅의 최고 절정은 "타겟 마케팅"이다.

마케팅의 꽃인 타겟 마케팅을 실현해 준 것이 바로 페이스북이다.

페이스북의 타겟팅 기술은 가장 인공지능적이다.

페이스북 마케팅연구소를 운영하면서 타겟이라는 원석을 가공하고 다듬어 페이스북 마케팅 방법을 정리하고 교육하였다. 강의 중 가장 파워풀하게 진행되었던 부분이다.

이 타겟이라는 향기에 취해 제자들이 몰려들었다.

제자들과 함께하기 위해 '페마스쿨'을 만들었다.

사실 페마스쿨은 제자들을 강사로 훈련하기 위해 만든 것이었다.

페마스쿨에서 소그룹으로 자영업, 소상공인을 교육하면서

페이스북 마케팅 방법을 익히게 할 목적이었다.

페마스쿨 커리큘럼을 만들면서 난관에 봉착했다.

페이스북 마케팅만 가르칠 것인가?

아니면 다른 마케팅 플랫폼도 가르칠 것인가?

의논 끝에 다른 마케팅 방법도 가르쳐야 한다는 결론에 이르렀다.

하지만 기본 방식대로 하는 것은 도저히 용납이 안 되었다.

대부분 부분 부분으로 가르치고 있었다.

커다란 줄기 없이 하나하나씩 가르치고 있었다.

그러다 보니 깊이가 없는 교육들이 이루어지고 있었다.

한마디로 기초만 가르치고 있었다.

마케팅을 가르친다고 하면서 마케팅 입구만 알려주고 마는 것이었다.

깊은 고민 중에 마케팅 광산에서 찾아 놓았던 "Graph"라는 마케팅 원석이 생각이 났다.

그래프라는 마케팅 원석을 가공하기 시작하였다.

"페이스북 마케팅과 다른 마케팅 간의 만남"을 준비했다.

페이스북 그래프를 적용한, 페마스쿨 실전 세팅 강의안을 완성하였다.

필자가 페이스북 마케팅을 하면서 얻은 것은 두 가지다.

첫 번째 보물인 "타겟 마케팅" 이고

두 번째 보물이 바로 "그래프 마케팅"이다.

5-1 페이스북은 GRAPH로 통한다

Facebook's mission is to give people the power to share and make the world more **open** and **connected**.

페이스북의 사명에는 개방(open)과 연결(connected)이라는 단어가 핵심으로 들어 있다. 페이스북의 이 비전을 한마디로 함축하는 단어가 있다. 바로 그래프(Graph)다. 이 말은 단순히 수학적 용어가 아니다. 주커버그와 페이스북이 가장 애지중지하는 페이스북 전용 키워드이다. **페이스북의 중요한 기능들에는 Graph가 들어간다. 소셜 그래프**(Social Graph)**, 오픈 그래프**(Open Graph)**, 그래프 서치**(Graph Search) **등으로 사용된다.** 페이스북을 이해하려면 이 그래프(Graph)에 대한 이해가 먼저 이루어져야 한다.

- 소셜 그래프(Social Graph)

소셜 그래프는 22억 사용자를 가진 페이스북의 가장 큰 자산이다. 소셜 그래프는 주커버그가 처음 사용한 말로 **SNS상의 인적 네트워크를 이미지로 표현한 것이다.** 페이스북상에서 누가 누구와 관계를 맺고 있는가? 무슨 활동을 하는가? 등의 상호작용을 가시화하고 구조화하여 관계의 응집을 표현하는 말이다. 즉 페이스북에서 일어나는 모든 관계와 행동이 소셜 그래프로 표현된다.

- 그래프 서치(Graph Search)

그래프 서치는 페이스북의 소셜 검색 기능을 말한다. 단순히 특정 단어를 찾아주는 키워드 검색과는 다르다. **그래프 서치는 나와 친구들과 관계된 정보를 찾아준다. 즉 관계의 검색이다.** 그래프로 만든 사용자의 기본 정보, 활동 및 관계 정보를 기반으로 사람, 장소, 사진 등을 검색해준다.

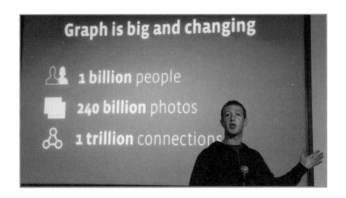

한국의 페이스북에서는 단순히 특정 단어를 넣으면 사람, 장소, 페이지, 그룹, 이벤트 등으로 검색할 수 있다. **한국 사용자들은 설정에서 언어를 영어로 변경하고 그래프 서치 어법에 맞춰 검색하면 그래프 서치 기능을 사용할 수 있다.**

설정 언어영역을 영어로 변경 후 안산에 사는 사람 서치 결과물

- 오픈 그래프(Open Graph)

　페이스북은 2010년 개발자컨퍼런스 F8에서 구체적으로 오픈 그래프를 발표하였다. 페이스북 자체가 거대한 하나의 오픈 플랫폼으로서의 핵심 개념 중 하나가 오픈 그래프이다. 오픈 그래프는 소셜 그래프가 더욱 확대되고 응집할 수 있는 환경을 제공해 주는 것으로, 페이스북의 소셜 그래프를 개방한다. 폐쇄적인 소셜 네트워크를 활짝 열기도 했다.

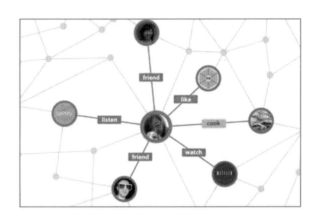

　또한, 오픈 그래프는 페이스북과 다른 사이트 간 데이터의 상호 간 연동이다. 페이스북의 빅데이터인 개인 프로필 정보, 친구 관계, 관심과 행동에 대한 소셜 그래프 데이터를 누구나 활용할 수 있도록 개방하여, 누구든지 이 소셜 그래프 데이터를 웹사이트 및 앱에 연동하고 구현할 수 있도록 하였다. 또한, 페이스북 사용자의 웹 및 앱 행동을 페이스북에 연동하여 구현하도록 하는 것이다.

　오픈 그래프는 여기저기 웹사이트들과 앱에서 쉽게 만날 수 있는 것으로 Open Graph API인 좋아요, 댓글, 공유 버튼이다. 즉 페이스북은 오픈 그래프를 통해 페이스북과 온라인 웹 세상과 모바일 앱 세상을 하나의 네트워크로 연동(Graph)하였다. 나의 웹과 앱과 오프라인의 활동이 페이스북으로 연동되어 페이스북화되는 것이다.

5-2 모든 마케팅은 페이스북으로 통한다

페이스북은 그래프로 통한다.

그래프는 페이스북 보물 중의 하나이다.

페이스북이 만드는 세상을 보려면 그래프를 알아야 한다.

페이스북의 그래프는 막강한 파워를 가지고 있다.

페이스북은 전 세계 경제활동인구의 절반인 22억 명을 그래프하였다.

페이스북은 오픈 그래프를 통해 웹 세상을 그래프하였다. 인터넷 세상 속에서 한 점에 불과하게 출발하였지만, 이제는 페이스북이 곧 인터넷이 되는 세상을 만들고 있다. 웹을 통해 페이스북으로 들어오던 사람들이 이제는 페이스북을 통해 웹으로 접속한다. 페이스북이 곧 인터넷이 되었다 해도 과언이 아니다. 페이스북의 오픈 그래프는 어느 것이든 연결하면 삼켜버리는 블랙홀이다.

페이스북은 또한, 앱 세상을 연결(그래프)하였다. 앱들이 페이스북 오픈 그래프를 통해 페이스북과 연결되어 페이스북은 곧 모바일 제국을 만든다. 주커버그는 "모든 앱들이 페이스북에서 뛰놀기를 바란다"라고 말하며, 앱과의 연동에 욕심을 내고 있다.

• 마케팅 홍수 시대

지금은 마케팅 홍수 시대이다. 하루에도 수많은 마케팅이 쏟아져 나오고 있다. 마케팅 홍수에서 마케터들은 갈피를 못 잡고 이리저리 휩쓸려 다니고 있다.

마케팅계에도 대세를 찾는 유행의 바람이 불고 있다. 한방에 기대를 거는 도깨비방망이 마케팅 방법을 찾아 헤매고 있다. 그래서 마케팅을 시작하는 순간 피로가 몰려오고 심장이 요란하게 뛴다.

체계적인 마케팅 요령 없이 하나의 마케팅, 부분의 마케팅에 매진하기 때문이다. 마케팅에는 업종에 따라 적합한 마케팅 방법이 있다. 또한, 마케팅 플랫폼별로 장단점이 존재한다. 하나의 마케팅만으로 성공할 수 없는 게 실제 마케팅 세계이다.

페이스북의 그래프는 마케팅 홍수 시대에 사는 마케터들에게 마케팅 플랫폼 간에 연동 및 협업하는 구조를 만들면 서로의 장단점이 보완되어 시너지 효과가 나온다는 가능성을 보여주었다.

- 페이스북 마케팅 그래프란?

필자는 페이스북 마케팅 시스템을 "하버드급 인공지능 시스템"이라고 하였다. 그리고 페이스북 광고는 "토마호크급 타겟팅 시스템"이라고 하였다. 페이스북의 마케팅적 능력은 그 자체만으로도 타의 추종을 허락하지 않는다. 하지만 페이스북 마케팅 하나만으로 모든 마케팅이 이루어질 수는 없다는 것이다.

페이스북이 사람과 세상 그리고 웹과 앱을 그래프하였듯이,
페이스북과 다른 마케팅 플랫폼을 마케팅적으로 그래프해 보았다.
페이스북과 온라인 마케팅을 그래프해 보았다.
페이스북과 SNS 마케팅을 그래프해 보았다.
페이스북과 오프라인 매장 마케팅을 그래프해 보았다.

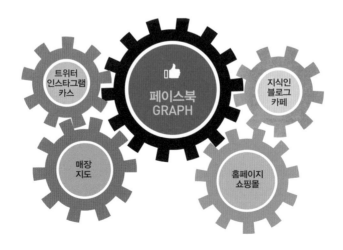

결과는 기대 이상이었다. 다양한 업종을 대상으로 적용하여 본 결과 귀한 열매들을 얻을 수 있었다.

페이스북 마케팅 그래프란 페이스북 마케팅과 온라인 마케팅(홈페이지, 쇼핑몰, 블로그, 카페, 지식인, 지도 등), SNS 마케팅(카카오톡, 인스타그램, 트위터 등), 오프라인 매장 마케팅을 마케팅적으로 그래프하는 것이다.

• 페이스북 마케팅 그래프 효과

1. 마케팅의 막힌 혈을 뚫다

기존 마케팅의 목표는 홈페이지나 쇼핑몰 또는 특정 랜딩페이지로의 유입이다. 모든 마케팅 수단을 동원해 유입량을 높이는 것이 목표다. 통상 마케팅의 성과는 유입량(CTA)과 구매전환율(CTR)을 가지고 평가한다. 이것에 따라 어느 마케팅 수단이 효과 있는가를 평가하게 되는 것이다. 현재까지의 마케팅은 유입량과 구매전환율에만 집중하고 나머지 이탈률과 이탈자에 관해서는 관심이 없다. 이것이 페이스북 그래프 이전 마케팅의 한계이다. 사실 고객 한 사람을 유입시키기 위해 얼마나 많은 노력과 비용이 들었는가? 포털 키워드 CPA 광고에서 키워드 검색 클릭당 몇만 원이 소요된다. 그런데도 현재까지의 마케팅 수단들은 이탈자들에 대해 속수무책이다. 몇 명이 왔는가는 통계를 제공하지만, '어떻게 할 것인가?'에 대해서는 방법과 대안이 없다. 마케팅의 흐름이 단절된다. 마케팅의 혈이 막혀버린 것이다. 이 얼마나 큰 손실인가?

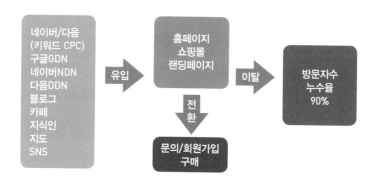

통상 구매전환율은 5% 이하에 불과하다. 나머지 95%가 이탈한다. 잊고 있는 사실이 있는데 진정한 잠재 고객은 이탈자들이다. 이탈자들은 내 사업의 제1 타겟들이다. 이들은 자신이 직접 검색을 통해 찾아오거나, 광고 노출에 관심을 표명한 반응자들이다. 구매전환이 한 번에 일어나는 경우는 드물다. 대부분은 2~3회의 노출을 통해 구매전환이 일어나는 경우가 많다. 리마케팅이 마케팅의 핵심이다.

페이스북 마케팅 그래프는 이탈자들에 대한 막혔던 혈을 뚫어준다. 페이스북 광고 기능 중에 기존 마케팅의 막혔던 혈과 맥을 연결하고 뚫어준 기막힌 보물이 있다. 바로 맞춤 타겟 픽셀이다. 이 맞춤 타겟 픽셀을 통해 페이스북과 홈페이지, 쇼핑몰, 랜딩페이지와 그래프가 된다. 이 픽셀을 사용하면 많은 마케팅 수단을 통해서 유입된 고객들에 대한 분석이 무료로 이루어진다. 즉 페이스북의 F.B.X(Facebook Exchange) 기술에 의해 단순히 숫자가 아닌 방문자의 페이스북 사용자 정보를 확인 후 매칭하여 맞춤 타겟으로 추출하고 리마케팅을 위한 리타겟팅 소재로 제공한다.

이러한 점들은 마케팅의 역사에서 높게 평가받아야 할 부분이다. 페이스북의 픽셀 세팅을 통해 광고 비용을 일정 부분 회수할 수도 있다. 페이스북 맞춤광고 픽셀을 통하여 각종 랜딩페이지(홈페이지, 쇼핑몰 등)와의 연동은 막혔던 마케팅의 혈을 뚫어주어 이탈자들을 리타겟팅하여 리마케팅하므로 다시 유입시켜 매출로 전환의 기회를 제공해 준다.

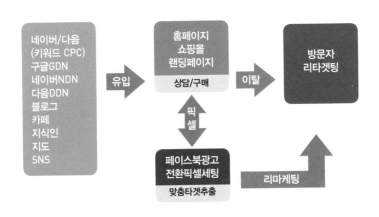

2. 마케팅의 구조를 만들어 준다

국내에서 사업하려면 운영해야 하는 마케팅 채널들이 무수히 많다. 그런데도 새로운 마케팅 채널들이 쉴 없이 쏟아져 나온다. 결국, 운영해야 하는 마케팅 채널이 많을 수밖에 없다. 대부분 마케팅을 부분적으로 진행한다. 개별 마케팅의 기능에만 의존한다. 마케팅이 복잡한 만큼 따분한 반복 작업이 많고, 마케팅은 지치고 피곤한 작업이 된다.

페이스북 마케팅 그래프는 마케팅을 구조화해 간소화 및 단순화하여 만들어 준다. 페이스북 마케팅 그래프는 자신이 운영하는 마케팅 채널들을 가지고 마케팅 설계도를 그리면 마케팅 채널 간 서로의 단점을 보완해 주고, 마케팅적인 시너지 효과가 창출되는 구조를 만들어 준다. 이 마케팅 구조의 가장 큰 장점은 마케팅 구조화된 채널들이 잠재 고객들에게 지속해서 노출될 수 있는 마케팅 그물을 형성해 준다는 것이다.

페이스북 마케팅 그래프 지도

5-3 페이스북 마케팅 그래프 7대 비법

페이스북 마케팅 그래프는 페이스북의 GRAPH 원리를 마케팅적으로 풀고 적용한 것이다. 즉 마케팅 채널 간 연동으로 마케팅 최적화하여 효과를 극대화하는 것을 목표로 한 것이다.

첫째, 블페신화는 불패신화다

사업하는 사람이라면 필수적으로 마케팅을 해야 한다. 내 사업을 알리지 않고 잘되는 사업은 없다. 마케팅의 양과 질에 따라 사업의 양과 질이 달라진다. 마케팅이 사업의 흥망성쇠를 좌우한다는 사실을 유념해야 한다. 마케팅에는 핑계도 변명도 없다. 할 일이 많고 바쁘므로 마케팅을 회피한다면 그 사업의 미래는 없다는 사실을 기억해야 한다.

1. 마케팅의 두 바퀴

필자는 사업하는 사람이라면 적어도 두 가지 마케팅은 무조건 이유와 핑계 없이 해야 한다고 주장한다. 내 사업의 흥망성쇠를 좌우한다는 각

오로 해야 한다. 바로 온라인마케팅의 대표 주자는 블로그 마케팅이며, SNS 마케팅의 대표 주자는 페이스북 마케팅이다. 블로그와 페이스북은 마케팅의 두 바퀴이다. 어느 것이 더 중요하고 우선이냐는 중요하지 않다. 만약에 한쪽 바퀴가 빠지면 마케팅은 성과를 얻을 수 없다. 두 바퀴가 있어야 완전한 마케팅의 균형이 이루어진다. **마케팅의 두 바퀴를 '블페신화'라고 하며, 블페신화하면 불패신화가 된다. 사업하는 사람들은 무조건 블로그와 페이스북 마케팅을 해야 한다.** 만약에 블로그와 페이스북을 운영하지 않는 사업자라면 지금 시작해도 늦지 않다.

    필자의 페이스북 마케팅연구소 블로그(blog.naver.com/sunftown)는 최적화되어 있다. 키워드를 선정해 포스팅하면 모바일 검색 1, 2페이지, 블로그 섹션 검색에서 5위 안에는 노출된다. 필자는 블로그 고수가 아니다. 블로그 마케팅은 전혀 모른다. 배워 본 적도 없다. 처음에 블로그를 만들려고 고전하였다. 방문자가 하루 10~20명에 불과하며 전혀 늘어날 기색이 보이지 않았다. 그러다가 찾은 방법이 페이스북을 이용하는 방법이었다. 지금 정리해 보니 블로그에서 답을 찾는 방법이 아닌 페이스북을 그래프하여 방법을 찾은 것이다. 즉 블로그와 페이스북을 그래프하여 마케팅적인 해결을 하였다.

여기에서는 블로그 마케팅 방법과 페이스북 마케팅 방법은 다루지 않는다. 블로그와 페이스북을 연동(Graph)할 때 마케팅에서 어떠한 효과가 나오는지를 다룰 것이다. 블로그와 페이스북을 따로따로 생각하지 말고, 하나의 마케팅적 구조로 연결하라. 즉 블로그와 페이스북을 마케팅적으로 그래프하는 구조를 만드는 방법을 배워 세팅하라.

2. 블페신화 1단계: 블로그에서 페이스북으로 보내는 Graph

블로그에서 페북으로, 페북에서 블로그로
포스팅과 고객을 소통시켜라!

블로그 검색 방문자들과 이웃들이 운영하는 페이스북 개인 프로필과 페이지를 방문할 수 있도록 블로그에 위젯을 만들어라. 블로그에 개인 프로필 위젯, 페이지 위젯 등을 만들면 블로그 방문자들과 이웃들이 페이스북 페친과 페이지 좋아요 팬이 되어 블로그에서 뿐만 아니라 페이스북에서도 접촉할 수 있는 구조가 만들어진다.

블로그 위젯을 만드는 여러 방법이 있지만, 페이스북에서 제공하는 방법으로 위젯을 만들어 보자.

1. 페이스북에 로그인한다.

2. 페이스북 위젯 www.facebook.com/badges 주소를 입력한다.

3. 블로그에 설치할 위젯을 선택한다.

위젯의 종류는 개인 프로필 위젯, 사진 위젯, 좋아요 위젯, 페이지 위젯이 있다. 이 중에서 원하는 위젯을 선택하면 된다. 여러 개 위젯 설치가 가능하므로 필요한 것들을 반복 작업하면 된다. 페이지 위젯 설정은(페이지 계정으로 들어가 페이지 위젯을 설정하는 것이 아니라) 개인 계정에서 페이지 위젯을 눌러 자신이 만들어 놓은 페이지를 선택하면 된다.

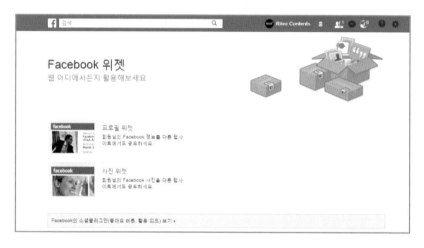

4. 위젯을 추가할 장소는 other를 선택 후 코드가 나오면 그 코드를 복사한다.

5. 내 블로그에 로그인한다.

6. [내 블로그] → [관리] → [꾸미기 설정] → [레이아웃·위젯 설정] → [위젯 직접등록]으로 들어간다.

7. 위젯명을 임의로 적고 복사해온 코드를 붙여넣기한다. 미리보기를 하면 블로그에 표시될 모습이 나온다.

8. 마우스로 드래그하여 위젯의 위치를 정하고 완료한다.

9. 블로그에 페이스북 위젯이 설치되었다.

블로그와 페이스북 그래프가 만들어졌다. 블로그 방문자와 이웃들이 이제 페이스북에서도 새로운 관계를 맺을 수 있게 되었다. 또한, 블로그와 페이스북이라는 내 마케팅 영역 안에 고객을 오래 체류시킬 수 있고, 어디에서든 쉽게 내 마케팅 안으로 들어올 수 있게 되었다.

3. 블페신화 2단계: 페이스북에서 블로그로 Graph

필자의 페이스북 마케팅연구소 블로그가 최적화된 방법이다. 블로그를 만들고 방문자가 늘지도 않고 검색을 해도 흔적조차 보이지 않았었다. 결국, 방문자를 늘리기 위해 필자가 잘하는 방법을 선택했다. 블로그 포스팅을 페이스북에 뿌리면 방문자가 늘 것이라는 예측을 하였다. 운영하는 페이지, 가입한 그룹에 여기저기 공유를 하였다.

예측은 적중하였다. 1일 방문자 수가 늘어난 것이다. 그리고 어느 순간 검색 상위에도 노출되어 교육 문의가 들어오기 시작하였다. 블로그 검색을 통해 한 국회의원 보좌관에게 비밀 교육도 하고 인연을 맺을 수 있었다. 블로그와 페이스북을 활용한 그래프적인 마케팅 덕분이었다.

블로그 포스팅의 장점은 질적으로 우수한 포스팅을 지속해서 생산하고 저장할 수 있지만 단점으로는 폐쇄성에 있다. 검색에 노출되지 않으면 아무리 좋은 포스팅이라도 묻혀버릴 수밖에 없는 폐쇄적인 구조다. 블로그 포스팅은 밖으로 퍼져 나가는 데 한계가 있는 구조이기도 하다. 그러나 SNS의 가장 큰 장점은 확산성이다. 특히 페이스북은 확산성에 가장 큰 힘을 갖고 있다. 즉 질적으로 우수한 블로그 포스팅을 확산성이 좋은 페이스북에 담아 보내는 것이다.

페이스북에 공유된 글은 한마디로 "계속 싸돌아다닌다." 누군가의 좋아요, 댓글, 공유를 타고 한없이 페이스북 공간을 돌아다니며 방문자들을 블로그로 유입시키며, 블로그 검색 지수를 올려준다. 블페법은 최고의 궁합을 만들어 낸다. 블페법은 블로그 지수를 올려 최적화하는 가장 안정적이고 빠른 방법이다. 저품질의 염려가 전혀 없다.

필자는 블로그 포스팅을 페이지 게시물로 포스팅한 후 페이스북 유료 광고를 통해 확산시키는 기법을 주로 사용한다. 이 방법은 많은 사람들에게 노출할 수 있고, 페이지 좋아요 팬을 모을 수 있고, 무엇보다 블로그 방문자 유입을 통한 블로그 지수 및 검색 지수를 상승시키는 효과를 얻을 수 있다.

대부분 블로그를 위해 포스팅하는데, 필자는 페이스북을 위해 블로그 포스팅을 작성한다. 즉 블로그 포스팅이 페이스북에 포스팅되었을 때 어떻게 보이는가를 계산하며 포스팅한다. 블페 Graph를 통해 불패신화를 만드는 두 가지 이미지 기법을 활용한다. 16:9 기법과 슬라이드 기법이다.

① 16:9 기법

블로그 포스팅을 페이지로 가져오면 다음과 같이 나온다. 이미지도 나타나지 않고 시각적인 공간도 없다.

블로그 포스팅 시 첫 이미지를 가로 직사각형으로 만들고, 메인 문구나 타이틀을 넣고 작성하라. 이미지 사이즈는 16:9 비율로 만들면 가장 좋다.

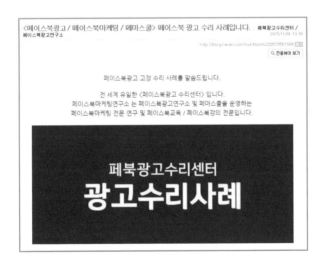

그 포스팅 주소를 복사한 후 페이지에 붙여넣기하면 가로형 이미지가 넓게 표현된다. 그리고 링크는 지워야 한다. 이미지에 링크가 자동 입력되어 이미지를 누르면 블로그로 바로 이동한다.

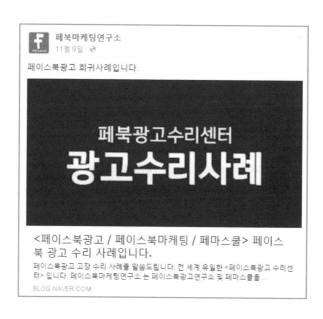

② 슬라이드 기법

페이스북의 5장짜리 슬라이드형 이미지 링크 포스팅 기능을 활용해 블로그 포스팅을 페이지에서 5장짜리 슬라이드 포스팅으로 구현할 수 있다. 사람들의 시선과 손가락을 불러 오는 아주 좋은 기법이다. 다양한 이미지 기법을 사용할 수 있다.

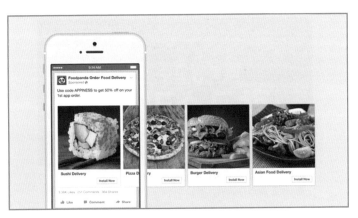

사진 출처: https://www.facebook.com/business/help/773889936018967

첫째, 슬라이드 이미지 콘셉트를 구상하고 정사각형의 슬라이드 이미지들을 준비하라. 첫 번째 이미지가 가장 중요하다. 제목 이미지라고 생각하면 된다. 페이스북에서 추천하는 슬라이드 이미지 기법들을 참조하라.

스토리텔링 광고
이미지를 연속적으로 표시하여 매력적인
스토리를 전달할 수 있습니다.

단계별 설명
단계별 설명을 통해 비즈니스의 이점을
소개합니다.

시즌별 크ㄹ
시즌을 반영하는 제

사진 출처: https://www.facebook.com/business/a/online-sales/carousel-link-ads

둘째, 블로그 포스팅 시 준비한 이미지 중 첫 번째 이미지를 넣어 포스팅하라. 준비한 나머지 이미지는 블로그 포스팅에 삽입해도 되고 안해도 된다. 제목 이미지 성격의 첫 번째 이미지만 블로그 포스팅 첫 번째 이미지로 삽입해 두면 된다.

셋째, 블로그 포스팅 주소를 복사한 후 페이지에 붙여넣기를 한다. 주의할 점은 슬라이드 이미지법은 개인 프로필과 그룹 포스팅에는 적용이 안 되고 오직 페이지 포스팅에만 적용된다.

주소 붙여넣기를 하면 하단에 블로그 포스팅 첫 번째 이미지가 자동으로 제목 이미지로 뜬다. 준비한 나머지 이미지를 순서대로 삽입하면 슬라이드 이미지 링크가 만들어진다. 이미지를 누르면 블로그 해당 포스팅으로 날아간다.

둘째, 페입페문은 쌍방통행이다

홈페이지와 쇼핑몰 제작 운영 시 이제는 페이스북 마케팅 그래프를 적용해야 한다. 페이스북 마케팅 연동을 위한 페이스북 최적화 홈페이지와 쇼핑몰을 제작해야 한다.

홈페이지와 쇼핑몰의 최대 고객은 페이스북 사용자다. 페이스북 광고가 많아지면서 페이스북 사용자들의 웹페이지 유입률이 기하급수적으로 늘고 있다. 실례로 필자가 운영하는 페이스북 광고 수리센터에 의뢰한 쇼핑몰 광고 고장 시 페이스북 광고가 막히면 쇼핑몰 방문자 수가 급감하여 매출이 전혀 없어지는 안타까운 경우가 많았다. 쇼핑몰 고객의 대부분이 페이스북 사용자의 유입으로 이루어진다는 것을 볼 수 있다.

참으로 안타까운 것은 쇼핑몰의 주 고객이 페이스북 사용자임에도 불구하고 쇼핑몰에 페이스북과 관련된 어떠한 장치도 배려도 보이지 않는 것이다. 즉 페이스북 고객을 맞을 준비가 안 되어 있다는 것이다. 많은 광고비를 투자해 페이스북 사용자를 초청해 놓고 정작 페이스북 고객을 홀대하고 있다.

적극적으로 페이스북 로그인, 페이스북 플러그인, 페이스북 오픈 그래프를 적용하여 홈페이지, 쇼핑몰을 제작하거나 리뉴얼하여 페이스북 최적화를 이루어야 한다.

페입폐문은 페이스북 사용자가 홈페이지, 쇼핑몰로 가서 다시 홈페이지, 쇼핑몰의 콘텐츠와 상품을 페이스북으로 가져가게 하는 **쌍방통행의 마케팅적 구조를 만들어 준다.** 단순히 고객을 구매자로만 사용하는 것이 아니라 내 사업의 홍보자로 활용할 수 있는 장치인 것이다.

페이스북 최적화 홈페이지, 쇼핑몰 만들기를 제안한다.

1. 페이스북 대문을 만들어라

페이스북에서 유입된 고객을 위해 쇼핑몰에 페이스북 로그인 대문인 페입페문을 만들어야 한다. 즉 페이스북 고객이 페이스북 대문으로 입장할 수 있도록 해야 한다. 조금만 센스를 발휘하면 페이스북 사용자가 간단히 로그인하고 쇼핑할 수 있도록 편의를 제공할 수 있다. 상품을 구매하려면 페이스북 로그인이 아닌 별도의 회원가입을 요구한다. 여기에서 많은 페이스북 고객들이 이탈한다. 페이스북 고객을 위한 페이스북 대문을 달아주면 간편하게 페이스북 로그인으로 즐길 수 있는 환경을 제공할 수 있다.

2. 페이스북 플러그인을 달아라

페이스북 사용자들은 쇼핑몰 탐색 중 마음에 드는 상품이 있으면 습관적으로 반응하고자 한다. 그러나 상품마다 페이스북 좋아요, 댓글, 공유하기 버튼이 없으면 그저 눈으로만 만족하고 만다. 페이스북 사용자들을 기운 빠지게 한다. 페이스북 사용자들은 무엇인가 행동하기를 원한다.

페이스북 플러그인은 좋아요, 댓글, 공유 버튼을 통해 내 타임라인에 게시되고 친구들 뉴스피드에 보이게 만들어 준다. 즉 온라인상의 쇼핑몰 상품이 페이스북으로 이사할 수 있고, 페이스북에서 다니며 고객들

을 유입시키는 통로가 된다. 얼마나 귀한 마케팅인가? 고객이 콘텐츠를
페이스북 세상으로 보내준다. 고객에 의한 마케팅! 이것이 진정한 바이
럴 마케팅의 완성이다.

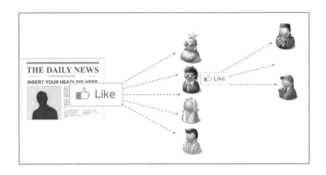

3. 오픈 그래프로 뉴스피드와 함께하라

　외국에서는 오픈 그래프를 사용하여 성공한 사례가 많다. 하지만 국내
에서는 오픈 그래프를 적용한 사례와 페이스북 개발자들이 부족한 실정
이다. 참으로 안타깝다. 필자는 개발자가 아니다. 그러기에 더욱 안타깝
다. 그런데도 오픈 그래프를 적용한 사례가 많아지길 바라는 마음에서

소개한다.

페이스북 오픈 그래프는 웹과 앱에서의 활동을 연동할 수 있는 서비스다. 사용자의 웹과 앱에서의 액션(Action)을 타임라인, 티커, 뉴스피드에 오브젝트(object)해 준다.

이 기능은 전문 페이스북 개발자에 의해 구현되는 기술이다. 오픈 그래프에서는 개발자가 액션과 오브젝트를 맞춤형으로 구성할 수 있는 기능을 제공하는데, '좋아요' 대신 'Listen', 'Read', 'Watch', 'Play', 'Wish', 'Cook' 등과 같은 다양한 액션을 정의해 사용할 수 있다.

오브젝트도 'Music', 'Article', 'Video', 'Game', 'Product', 'Recipe'와 같이 직접 정의할 수 있다. 스포티파이(Spotify; www.spotify.com)나 한국의 벅스 뮤직(www.bugs.co.kr) 같은 서비스에서는 'Listen'이란 액션을 사용하고, 'Song', 'Album' 등의 오브젝트를 정의해 사용하고 있다. 오픈 그래프를 통해서 '나는 무엇을 들었다', '나는 무엇을 갖고 싶다'와 같은 내용을 표현할 수 있고, 이러한 액션과 오브젝트를 개발자가 임의로 정의할 수 있게 해 준다.

벅스에서 오픈 그래프로 페이스북과 연동한 음악서비스를 진행했다. 대부분의 사람들은 페이스북을 일상 '사진', '뉴스 링크' 같은 콘텐츠로만 공유한다. 그러나 벅스에서 음악을 들으면 음악을 듣는 행위가 개인적 행위로 끝나지 않고, 또 벅스라는 웹사이트 내에서만의 폐쇄적 행동이 아니라 내 페이스북의 타임라인으로 확장되어 친구들에게까지 공유된다. 오픈 그래프의 가치가 바로 이것이다. 웹과 페이스북의 연동을 통한 콘텐츠의 확산으로 행동 공유의 장을 만들어 준다.

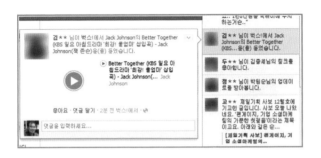

■ 오픈 그래프 사례 ①

C&A 브라질_페이스북과 오프라인 매장 그래프

오픈 그래프를 활용하여 페이스북과 오프라인 매장 상품과 연동하여 마케팅을 진행하였다.

■ 오픈 그래프 사례 ②

펩시콜라 좋아요 머신

펩시콜라는 페이스북과 자판기를 결합한 인터랙티브 광고로 가수 비욘세의 공
연장 입구에 'PEPSI LIKE MACHINE'이라는 자판기를 설치해 펩시콜라 페이스
북 페이지에 '좋아요'를 누르면 콜라를 공짜로 제공하는 이벤트를 하였다.

■ 오픈 그래프 사례 ③

라이크 어 허그

MIT 멜리사초우, 앤디페인과 필시톤이 개발한 라이크 어 허그(Like-A-Hug)는
페이스북에 올라온 내용에 친구가 '좋아요'를 남기면, 외투가 팽창하면서 독특하
고 친숙한 방법으로 알려준다. 구명조끼와 같은 장치가 사용자 계정과 연결돼,
매시간 '좋아요'를 받으면, 포옹하는 것처럼 부풀어 오르는 것이다. 업데이트나
사진에 친구가 반응을 보이면 그에 대한 감사의 표시를 한다.

4. 맞춤 타겟 픽셀을 심어라

페이스북 맞춤 타겟용 픽셀은 홈페이지, 쇼핑몰로 유입된 페이스북 고객 숫자와 사용자 정보를 파악하고 사용자의 전환을 추적해 주어 맞춤 타겟으로 만들어 준다. 이 맞춤 타겟을 통해 홈페이지, 쇼핑몰 방문자를 리타겟팅하여 리마케팅할 수 있다.

얼마나 놀라운 기술인가? 지금까지의 기술은 그저 방문자 통계 밖에 제공해 주지 못했다. 하지만 페이스북의 픽셀 기술은 방문자가 누구인가를 추적해 준다. 즉 우리 홈페이지, 쇼핑몰 방문자가 누구인지 정의해 준다.

페이스북 맞춤 타겟 픽셀은 홈페이지, 쇼핑몰로 파견된 페이스북 문지기이다. 이 문지기는 무료로 사용할 수 있고 24시간 365일 쉬지 않고 일을 한다. 그저 **사용자는 페이스북에서 제공하는 픽셀 코드를 홈페이지, 쇼핑몰 프로그램 개발자에게 보내서 붙여넣기만 하면 된다.**

전체 픽셀 코드를 복사하여 웹사이트 헤더에 붙여넣으세요

헤더 섹션 하단에서 **</head>** 태그 바로 위에 픽셀 코드를 붙여넣으세요. Facebook 픽셀 코드
는 사이트 헤더의 기존 추적 태그(예: Google 웹로그 분석) 위 또는 아래에 추가할 수 있습니
다.

⬤ 고급 매칭 사용 ⓘ

```
<!-- Facebook Pixel Code -->
<script>
  !function(f,b,e,v,n,t,s)
  {if(f.fbq)return;n=f.fbq=function(){n.callMethod?
  n.callMethod.apply(n,arguments):n.queue.push(arguments)};
  if(!f._fbq)f._fbq=n;n.push=n;n.loaded=!0;n.version='2.0';
  n.queue=[];t=b.createElement(e);t.async=!0;
  t.src=v;s=b.getElementsByTagName(e)[0];
  s.parentNode.insertBefore(t,s)}(window, document,'script',
  'https://connect.facebook.net/en_US/fbevents.js');
  fbq('init', '399143593584450');
  fbq('track', 'PageView');
</script>
<noscript><img height="1" width="1" style="display:none"
  src="https://www.facebook.com/tr?
id=399143593584450&ev=PageView&noscript=1"
/></noscript>
<!-- End Facebook Pixel Code -->
```

셋째, 페군구양은 천생연분이다

구글과 페이스북은 팽팽한 경쟁 구도를 유지하고 있다. 아마도 세계
전쟁에 버금가는 격전이 벌어지고 있다고 해도 과언이 아닐 것이다. 또
한, 광고 시장에서도 패권을 다투는 세계 대전쟁이 펼쳐지고 있다.

하지만 **마케팅에서 페이스북과 구글의 연동은 천생연분의 시너지 효과를** 얻을 수 있다. 특히 페이스북은 모든 것이 구글에 최적화되어 있다. 즉 페이스북 군과 구글 양을 연동하여 사용하면 천생연분의 시너지 효과가 나온다.

1. 마케팅을 위한 페이스북 계정은 구글 지메일(gmail)로 만들어라

지메일은 다수의 메일을 생성할 수 있다. 마케팅을 하기 위해서는 실명 메인 계정뿐만 아니라 비상용 마케딩 계정을 준비해야 한다. 지메일은 메일 생성이 쉽고 여러 계정을 유지 관리하기에 편리해 아주 유용하다. 무엇보다도 페이스북은 지메일이 최적화되어 지메일 정보를 연동해 관리할 수 있어 좋다.

2. 구글 지메일 그룹 연락처를 통해 페이스북 연락처를 동기화하라

네이버나 다음의 경우 단체 이메일 주소록 등록 시 이름과 이메일이 있어야 등록할 수 있다. 하지만 지메일은 이메일과 휴대전화번호만 있어도 그룹 연락처를 가져와서 등록할 수 있다.

지메일에 그룹 연락처 등록 후 페이스북에서 이메일로 친구 찾기를 하고 동기화하면 원하는 사람들을 페친으로 만들 수 있다.

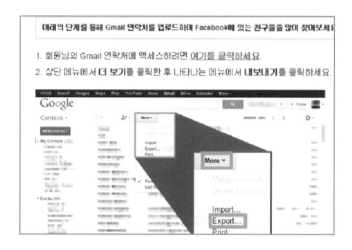

3. 구글 웹 스토어에서 페이스북 관련 확장 프로그램을 사용하라

구글 웹 스토어는 무료 프로그램의 보고이다. 페이스북을 검색하면 다양한 페이스북 관련 프로그램들이 넘쳐난다. **페이스북 동영상 다운로**

드, 콕찔러보기, 이벤트 친구 초대하기, 페이스북 광고 PIXEL HELPER
등 페이스북 마케팅을 도와주는 프로그램들이 있다.

4. 페이스북 광고 유입 구글 애널리틱스 분석

페이스북 광고 생성 시 구글을 활용해 URL 태그를 만들 수 있다. 페
이스북 광고를 통한 유입자 현황을 실시간으로 구글 애널리틱스를 통해
확인할 수 있다.

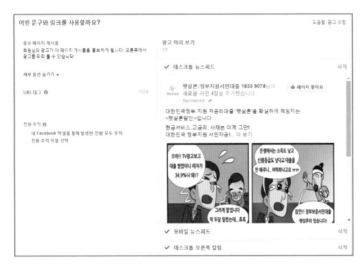

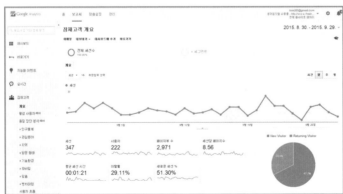

넷째, 페입카출은 만사형통이라

마케팅에서 일반적으로 랜딩페이지로 고객을 유입하여 상담 DB인 이름과 전화번호를 남기도록 하는 상담 전환 방법을 사용한다. 하지만 개인정보에 대한 중요성이 날로 강화되다 보니 고객들이 실명과 전화번호 노출을 극도로 기피한다. 특히 내 이름과 전화번호가 이리저리 팔려 다닌다는 데에 극도로 민감하다. 이제는 병원, 보험, 금융 등에서 상담 전환 방법을 바꾸어야 한다. 이전 방법을 고집하다 보면 상담 입구에서 고객들은 고개를 절레절레 흔들며 뒤돌아갈 것이다.

페이스북은 메신저를 갖고 있지만 마케팅 실시간 상담용으로는 적합하지 않다.

개인용 메신저와는 별도로 운영되는 페이지별로 메신저가 있다. 페이지 메신저가 마케팅적으로 중요한데 알림, 지속 상담 등에 있어서 약한 부분이 있다. 페이스북 광고 집행 시 유입되는 많은 고객들의 상담 전환의 문제에서 페이스북 페이지 메신저는 고객응대에 한계가 있다.

페이스북 마케팅에서 상담 전환은 카카오톡을 연동해서 사용하면 좋다. 페입카출을 하면 만사형통의 시너지 효과가 나온다. 카카오톡에는 가장 강력한 무기가 있다. 하나는 개인정보 노출을 최소화하는 익명성이다. 또 하나는 전 국민 누구나 쉽게 사용하는 습관성이다. 필자가 페이스북 광고와 카카오톡을 연동해 상담 전환해 본 결과 효과적이었다. 페이스북으로 모아 카카오톡으로 출구를 정하여 상담 전환해 보라. 상담 전환율이 대폭 늘어난다.

트루★ 양원장입니다. ✉ 받은편지함 ✕

양기★
나에게 ▾
안녕하세요.

소장님이 진행하시는 워너비 이벤트를 통해 댓글도 많이 달리고, 옐로아이디로 문의도 많이 들어옵니다.
저도 페북이벤트를 몇번 해보았지만 그렇게 들어오지는 않더라구요.. 역시 전문가가 다른가 봅니다. ^^

카카오톡은 ID가 영어로 되어 있어 검색이 불편한 단점이 있다. 반면에 카카오 플러스친구는 한글사업자 아이디를 제공해 주어 검색도 쉽다. 또한, 관리자 권한을 여러 명이 공유해 여러 사람이 돌아가며 상담할 수 있다. 무엇보다 상담자들이 친구를 맺어야 하기 때문에 잠재 고객 관리를 할 수 있다. 사업자는 플러스친구로 상담하지만 고객은 카톡 상담이 되는 것이다.

1. 플러스친구로 친근한 이름을 사용하라

플러스친구를 등록하기 위해서는 먼저 카카오계정이 있어야 한다. 우측 상단의 관리자 로그인 버튼을 클릭하면 카카오계정 로그인 페이지가 뜨고 새로 회원가입하거나 계정이 있는 경우 로그인 할 수 있다.

로그인 후 '플러스친구 관리자'로 가입해야 하며 이름과 각종 정보 알림을 받을 전화번호를 입력하고 인증받은 후 가입할 수 있다. 가입 후에는 누구나 플러스친구를 개설할 수 있다.

하나의 카카오계정으로 여러 개의 플러스친구를 만들 수 있으며, PC 관리자센터 메인에 있는 [+ 새 플러스친구 만들기]를 클릭하여 생성하면 된다.

딱딱한 회사명보다 고객들이 신뢰하고 쉽게 기억하고 검색할 수 있는 이름을 사용하는 것이 좋다(○○○ 달인, △△△ 대표원장 등). 이름을 폭넓게 작명하여 사용하는 것이 도움이 된다.

2. 플러스친구 홈페이지를 관리하라

PC, 모바일 앱(플러스친구 관리자)으로 플러스친구를 관리할 수 있다. PC에서는 여러 명이 하나의 플러스친구 계정을 사용하여 관리하고 대화할 수 있으며, 동시에 접속할 수 있다. 전반적인 플러스친구 관리는 여기서 이루어진다고 할 수 있다.

또한, '미니홈'이라는 모바일 홈페이지를 꾸밀 수 있다. 미니홈에서 프로필 사진, 연락처, 상태 메시지, 게시글 등 다양한 콘텐츠를 작성하여 매장을 소개할 수 있다.

주소는 http://goto.kakao.com/@ + 프로필 이름 형식이다. 미니홈의 소식란에는 카카오스토리의 게시물도 올릴 수 있다. 페이지를 만들었다면 프로필을 관리하는 것도 필수다. PC에서는 운영 도구 왼쪽 [프로필/미니홈 관리] 메뉴를 클릭하면, 모바일에서는 가운데 메뉴의 '프로필'을 터치하면 프로필 관리 화면으로 연결된다.

3. 플러스친구로 대화(메시지 전송)하라

플러스친구로도 메시지를 보낼 수 있다. 메시지는 기본형, 이미지 앨범형, 쿠폰형, 카탈로그 형으로 전송할 수 있고 전체 메시지, 그룹 메시지, 타깃 메시지 전송 또한 가능하다. 또한 카카오톡의 1 : 1 대화를 통해 고객과 상담할 수 있다. 문의 내역은 PC웹 또는 모바일 앱의 운영 도구에서 확인할 수 있다.

On/Off 기능을 통해 사용 여부를 설정할 수 있고, 가능한 요일과 시간을 설정할 수 있으며, 스팸 메시지 등을 발송하는 친구를 차단할 수 있다. 플러스친구 관리자 앱의 채팅 화면 위쪽에는 1:1 대화를 하는 친구의 이름이 나온다.

4. 일일이 응답하기 힘들다면 자동 응답을 설정하라

플러스친구로 특정한 질문에 자동 응답을 할 수 있는 API를 구성할 수 있으며, 별도의 앱을 개발한 후 API형 자동응답 설정 메뉴에서 [앱 등록하기] 버튼을 클릭하여 앱을 등록해야 한다. 키워드형 자동응답보다 사용법이 복잡하지만 다양한 상황에 대응할 수 있다는 장점이 있다. 구현 가능한 API로는 다음과 같은 것이 있으며, 플러스친구의 API와 동일하다.

5. 친구 추가 유도로 잠재 고객군을 모아라

카카오톡은 플러스친구를 쉽게 친구 추가할 수 있도록 홈페이지 등에 사용할 수 있는 친구 추가 링크와 QR코드를 제공한다.

PC 운영 도구 왼쪽의 [친구 모으기] 메뉴 클릭 → [친구 추가 링크] 메뉴 클릭 순으로 진행하면 '친구 추가 링크'와 '친구 추가 QR코드' 항목이 나오는데, 여기서 친구 추가 링크를 복사하거나 친구 추가 QR코드를 다운받을 수 있다. 친구 추가 링크는 일반형과 영문형으로 구분된다.

일반형은 http://plus.kakao.com/home/@ + '프로필 이름' 형태로 한글이 포함되어 있을 수 있으며, 한글이 포함되어 있는 경우 일부 환경에서 동작할 수 없기 때문에 권장하지 않는다.

영문형은 http://plus.kakao.com/home/ + (영어 + 숫자) 형태이다. 친구 추가 링크를 메시지로 전송하거나 블로그 등 SNS에 공유하여 친구 추가를 쉽게 유도할 수 있다.

6. 어느 정도 대화 후 고객이 스스로 이름과 전화번호를 내어놓게 하라

마케팅 진행 시 상담이 들어오자마자 이름과 전화번호를 요구하는 직원이 있었다. 고객은 그 순간 마음을 닫고 퇴장해 버렸다. 반면에 대화 후 고객의 궁금증이 해소된 상태에서는 자연스럽게 이름과 전화번호를 알려주었다.

다섯째, 온키페이는 금상첨화라

온라인 마케팅의 핵심은 키워드 마케팅이다. CPC 키워드 광고, 블로그, 카페, 지식인, 지도 마케팅이 모두 특정한 키워드와 관련이 있다. 반면에 소셜 마케팅에서는 동영상과 이미지 콘텐츠가 주를 이룬다. 그런데 이제는 온라인 키워드 마케팅의 영역이 소셜 마케팅에 이르기까지 확장되었다. 해시태그 마케팅이라고도 할 수 있다. 이제 인스타그램, 페이스북, 트위터, 카카오스토리 등에서 해시태그는 필수다.

온키페이는 온라인 키워드 마케팅이 페이스북의 이미지 콘텐츠 마케팅에서 적절히 사용될 때 금상첨화의 마케팅적인 시너지 효과가 나온다.

1. 내 사업의 핵심 키워드를 분류하라

키워드 마케팅이 왜 중요한가? 온라인 키워드는 검색 순위를 결정하는 요소이다. 하지만 무엇보다 키워드에는 고객과 나를 연결하는 힘이

고객이 어떤 키워드를 검색해야 나에게로 올 수 있는가?

구분	MY TARGET
메인검색어	
자동완성검색어	
추천검색어	
트렌드검색어	

있다. 고객은 내 사업 키워드를 검색하는 행위를 통해서 내 사업을 검색한다. 내 고객은 곧 키워드 타겟이다. 키워드의 길목을 잡지 않고는 사업은 어려운 것이다. 먼저 내 사업과 연관된 키워드들을 정리하라.

2. 내 사업 키워드로 해시태그 포스팅하라

페이스북은 게시물 검색을 지원한다. 하지만 소셜 검색은 특성상 한계가 있다. 그래서 키워드를 통한 해시태그를 통한 게시물 검색은 더욱 중요할 수밖에 없다.

해시태그란 키워드 앞에 #를 붙이면서 검색 기능이 부여된 것으로, 수많은 게시물 중 같은 #키워드가 들어 있는 글들만 모아 검색해 주는 검색 방법의 일종이다. 또한, 단순히 검색 노출만이 아닌 내 포스팅을 시리즈로 만들어 보여 줄 수도 있다.

페이스북에서 해시태그 글 쓰는 법은 두 가지로 나눌 수 있다. 하나는 게시글 본문 중에 자연스럽게 #키워드를 넣어 글을 쓰는 것으로 검색과 강조의 효과를 얻을 수 있다. 또 하나는 게시글 하단에 검색 색인용으로 내 사업의 키워드들을 최대한 나열해 넣는 것이다. 그러면 다양한 검색의 연결 그물을 설치한 효과를 볼 수 있다. 그런데 이것은 매번 글을 쓸 때마다 색인용 #키워드들을 쓴다는 것은 보통 힘든 일이 아니다. 그래서 여기서 팁을 알려주려고 한다. 메모장에 최대한 내 사업 관련 키워드들에 #를 붙여서 정리해 두자. 그리고 글을 쓸 때마다 복사해서 붙여넣기를 하면 쉽게 해시태그 키워드 작업을 수행할 수 있다.

3. 페이스북 마케팅의 관건은 이미지 콘텐츠이다

온라인 마케팅의 콘텐츠는 키워드와 글이 좌우한다. 반면에 페이스북 콘텐츠는 이미지 기법에 의해 좌우된다. 인스타그램의 출현 이후 매력 없는 이미지는 눈길도 받지 못한다. 페이스북에서는 대충 찍어서 올린 사진은 좋아요를 하나도 받을 수 없다. 더 받으려면 이미지 기법으로 사용자들의 눈을 사로잡아야 한다. 이제 좋은 사진을 올리는 것은 고객들에 대한 책임이자 의무이며 예의이다.

어디에서 다운받은 것, 사진 찍은 상태로 보정 없이 올리는 것은 지속적인 마케팅을 저해하는 요인이다. 지금은 정말 좋은 시대이다. 사진 편집 관련 앱들이 풍성하다. 조금만 여유를 갖고 편집해서 올리는 것이 상도덕이라고 해도 과언이 아니다.

생연어덮밥(일본가정식)
평점: ★★★★☆

달콤한~♥ 티라미슈롤 케익

페이스북의 이미지 표출 방식을 이해해야 한다. 페이지 이미지 표출 방식은 크게 정사각형, 가로형, 세로형 방식과 이미지 장수에 따라 다양한 방식이 있다. 이미지 표출방식을 결정하는 것은 첫 이미지 유형이다. 첫 이미지 유형에 따라 다양한 콘셉트의 이미지 기법을 사용할 수 있다. 이 원리를 토대로 하여 크롭 기법, 콜라주 기법 등을 구현할 수 있다.

페이스북 이미지 편집에서 스토리 구상이 중요하다. 단순히 좋고 멋진 이미지만 올리는 것이 아니라 스토리 있는 이미지가 중요하다. 이미지에 스토리라는 살을 붙여야 콘텐츠가 살아난다.

4. 이미지화된 정보를 활용하라

고객들에게 필요한 정보들을 단순히 텍스트로 전달하는 것이 아닌, 이미지로 구현하여 전달하는 것이 가시적인 효과가 있다.

5. 인스타그램 광고를 활용하라

이제는 페이스북 광고 시 인스타그램에도 노출할 수 있다. 인스타그램은 모바일로만 서비스되기 때문에 정사각형, 직사각형과 동영상 콘텐츠만 노출된다.

6. 다양한 이미지 기법을 사용하라

① 크롭 기법

크롭 기법은 원하는 크기로 사진을 잘라 조합하는 기법이다. 부분이 전체가 되고 전체가 부분이 되는 이미지 변신 기법이다. 속설에는 크롭 기법을 정복하면 SNS를 정복한다는 말이 있을 정도다.

② 콜라주 기법

콜라주 기법은 여러 장의 사진을 한 장의 사진처럼 편집하는 기법이다.

③ 바둑판 이미지 기법

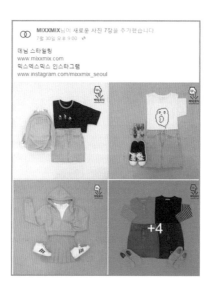

④ 슬라이드 기법

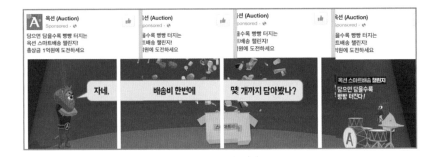

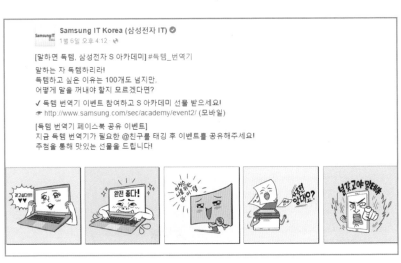

사진 출처: https://www.facebook.com/SamsungITKorea/posts/1025329554193972

사진 출처: https://www.facebook.com/NescafeKorea/posts/1114199281958547

⑤ 웹툰법

여섯째, 일타십피는 다다익선이라

페이스북 광고의 최종 목표는 매출이다. 하지만 페이스북 광고를 통해서는 매출 이외에도 얻는 것이 많다. 대부분 이분법적으로 광고를 평가한다. 페이스북 광고가 '효과 있다/없다'. 조금 광고를 집행해 보고 효과 없다고 광고를 그만두는 사람들을 많이 보았다. 원인을 찾아보면 광고에 문제가 있는 것이 아니라 광고 콘텐츠와 랜딩페이지에 문제가 있는 경우가 많았다. 광고는 성급히 해서는 안 된다. 잘되는 방법을 찾아야 한다.

필자의 지론은 이렇다. '페이스북 광고는 십 원 한 푼 헛된 것이 없다'. 페이스북에서는 낭비되는 것이 없다. 페이스북 광고는 무조건 효과가 있다. 매출 이외에도 부수적으로 얻는 것이 많다. 즉 페이스북 광고를 통해 마케팅적으로 얻는 것들에 대한 폭넓은 이해가 있어야 한다. 그래야 광고가 즐겁다. 광고를 즐겨라. 광고가 도깨비방망이인 줄 아는 사람들이 많다. 하지만 광고를 통해 내가 도깨비방망이를 만들어야 한다. 물론 **광고에는 일타십피 이상의 효과가 있다.** 광고를 긍정적으로 바라보라. 지금부터 일타십피의 효과를 얻는 광고를 만드는 방법을 소개한다.

1. 게시물 좋아요를 요청하라

페이스북 사용자들의 눈길이 처음 머무는 곳은 게시물 좋아요 숫자이다. 아무리 좋은 글이라도 페이스북 세계에서는 좋아요가 없으면 무용지물과 같다. 별거 없는 글인 것 같은데 좋아요가 많으면 사람들의 시선이 닿고 저절로 손가락이 움직인다.

마케팅에서 좋아요 숫자는 계급이요 영향력이다. 이런 이유로 마케터에게 가장 큰 부담은 좋아요 수를 올리는 것이다. 페이스북 광고를 진행하면 많은 노출로 인해 게시물에 좋아요 수가 많아진다. 마케팅 발판이 만들어지는 것이다. 가랑비에 옷이 젖듯이 좋아요 수가 쌓이면 마케팅의 강물이 흐를 것이다. 쌓인 좋아요에 고마움을 표하라.

그리고 게시물 작성 시 사용자들에게 좋아요를 요청하라. "좋아요를 누르시면 복 받으실 거예요~!" 이러한 멘트가 있으면 더 많은 좋아요가 눌린다. 통계에 의하면 최소 3배의 효과가 있다고 한다.

2. 댓글에서 친구소환을 요청하라

페이스북의 댓글은 글에 대한 반응의 댓글도 있지만, 친구들 간의 대화형 댓글이 대부분이다. 페이스북에서 마케팅적 파워가 분출되는 곳이 댓글이라 해도 과언이 아니다. 페이스북을 연구하면서 가장 놀라는 곳이 바로 댓글이다.

페이스북 사용자들은 자발적으로 @로 친구를 태그하여 소환하고 대화한다. 필자는 이것을 '**고객에 의한 모객**', '**고객에 의한 공동구매**'라는 **표현을 사용한다.** 페이스북 광고를 집행해 보면 @친구소환과 대화가 많아진다. 진정한 바이럴 마케팅의 장이 열린다. 사용자에 의해 모객되고 바이럴이 실시간으로 이루어진다. 페이스북 광고를 통해 내 편, 내 영업사원을 얻고 내 상품과 서비스에 대한 평가와 반응을 객관적으로 듣고 보게 된다.

게시글마다 @친구소환을 요구하라. 이벤트를 진행할 때는 무조건 @친구소환을 적극적으로 요구하라. 그리고 페이스북 광고를 진행해서 최대한 많은 친구소환을 얻어내야 한다.

3. 공유를 요청하라

페이스북 도달/확산 시스템에서 가장 강력한 것이 공유 기능이다. 좋아요와 댓글보다 공유를 통한 도달 수가 가장 많다. 가장 많은 노출 방법은 공유이다.

공유는 내가 좋아하는 글을 내 타임라인으로 옮겨 친구 뉴스피드에 보이게 만드는 것이다. 그래서 많은 사용자들이 공유하기에는 신중하다. 바로 내 타임라인의 안방을 내주어야 하기 때문이다. '나'라는 정체성,

7x	'공유하기'를 부탁한 게시물은 **7배** 높은 공유율을 보임
3.3x	'댓글'을 달아달라고 부탁한 게시물에는 **3.3배** 더 많은 댓글이 달림
3x	'좋아요'를 눌러 주기를 부탁한 게시물에는 **3배** 높은 좋아요 클릭률을 나타냄

그리고 내 타임라인의 구성을 고려해야 하므로 공유는 쉽지 않다. 광고에서 중요한 것이 공유를 요구하는 것이다. 공유를 요청하면 7배의 효과가 나온다는 통계도 있다.

4. 페이지 좋아요를 요청하라

페이스북 광고 목표에는 페이지 좋아요 팬을 모으는 광고가 별도로 있다. 하지만 이 광고법은 무척 비싸다. 또한, 군이 비싼 비용을 들여 별도로 좋아요 팬을 모을 필요는 없다. 비싼 돈을 들여 팬을 모으더라도 페이스북의 알고리즘이라는 장애물 때문에 페이지의 모든 팬들에게 노출은 불가능하기 때문이다. 사실 페이스북 페이지 마케팅에서 이제 좋아요 팬 수는 의미가 없다.

페이스북 광고에서 광고 목표를 보면 자동으로 페이지 좋아요 팬 모으는 버튼이 생성된다. 게시물 광고, 웹사이트 방문(전화) 수, 이벤트, 쿠폰, 동영상 광고 통해 자연스럽게 콘텐츠에 반응하는 팬들을 모아가는 것이 현명하다. 페이스북 광고를 집행해 보면 팬 수는 아무 의미가 없다. 광고 콘텐츠가 더 중요하다. **콘텐츠에 의해서 별도의 비싼 비용을 들이지 않고도 페이지 좋아요 팬이 만들어지는 보너스 효과가 있다.**

5. @태그, #태그를 사용하라

게시물 작성 시 @태그와 #해시태그를 사용하라.

@태그는 게시물 작성 시 친구와 페이지를 태그할 수 있다. 광고 게시물 작성 시 @태그는 페이지를 태그한다.

@페이지 태그 ← 좋아요 누르라 전해라!!

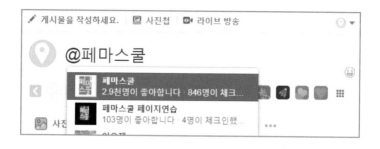

본문 중에 #해시태그를 적절히 사용하라. 과도한 #태그는 눈살을 찌푸리게 한다. #태그를 적절히 사용하면 강조 효과를 얻는다. 또한, 내 사업 키워드들을 #태그로 최대한 삽입해 두라. 두고두고 페이스북에서 #태그 있는 글들이 지속해서 호출을 당할 것이고, 그 글들이 고객들을 모아 올 것이다.

6. 블로그를 광고하라

블로그에는 광고 기능이 없다. 하지만 페이스북을 이용하면 블로그를 광고할 수 있다. 블로그를 굳이 광고할 필요가 있을까 하는 사람들이 있을 것이다. 페이스북 광고를 통해 블로그를 광고하면 부가적인 수입이 많이 발생한다. 즉 블로그 지수를 상승시켜 검색 노출에서 우위를 차지할 수 있다.

블로그 키우기는 시간이 오래 걸린다. 블로그 키우기를 힘들어하는 사람들이 많다. 또한, 저품질의 위험성에 떠는 사람들도 많다. 실제로 이 두 문제를 해결하기 위해 매월 막대한 광고비를 지급하고 대행사에 맡긴다. 하지만 대행사들이 프로그램에 의한 관리를 하고 있어 저품질되는 사례가 많다.

하지만 **페이스북으로 블로그를 광고하면 단시간에 블로그 지수 상승**

효과를 얻을 수 있고, 저품질의 위험성이 줄어든다. 덤으로 검색 상위 노출이 보너스로 부여된다. 블로그를 광고하는 방법은 블로그 포스팅 후 포스팅을 복사하여 페이지에 게시물로 만들고(이미지법은 블페신화 참조) 광고하면 된다. 지속해서 페이스북상에서 사용자들을 블로그로 유입시키는 역할을 한다.

7. 게시물 좋아요한 사람을 페이지로 초대하라

페이스북에는 숨어 있는 기능늘이 많다. 그중에 하나는 좋아요로 많은 게시물 속에는 비밀이 숨겨져 있다. 특히 광고를 통해 게시물에 좋아요가 많이 달리면 귀한 선물이 감추어져 있다. 페이지 팬이 아니면서 게시물에 반응한 사람을 계정 교차를 통해 팬으로 초대하는 기능이다. 광고 후에는 반드시 게시물 좋아요한 사람들 중에서 내 페이지 팬이 아닌 사람들을 페이지 좋아요 팬으로 초대하라. 페이지 좋아요 팬으로 전환되는 비율이 상당히 높다. 광고를 통해 얻는 보너스 중의 하나이다.

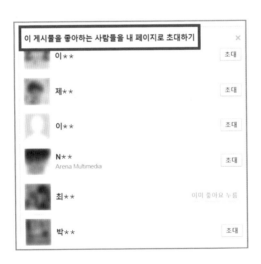

8. 전환하는 광고를 하라

페이스북에서는 광고로 사람들을 모아 전환하는 기법을 주로 사용한다. 페이스북 광고의 성패는 이 전환에 달려 있다. 전환율에 따라 매출에 차이가 나는 것이다.

■ 게시물 이미지를 통한 전환 방법

게시물 이미지별로 간단한 설명과 링크를 삽입하는 것이 좋다. 이미지별로 링크를 삽입하는 방법은 다음과 같다.

먼저 게시물에서 이미지를 올린다. 다음 이미지를 눌러 확대한다. 수정을 누르면 간단한 이미지 설명과 링크를 삽입할 수 있다. 이미지 하나하나 순서대로 수정 작업을 해 주면 된다. 이렇게 수정한 것을 모바일 페이스북에서 보면 이미지별로 하단에 설명과 링크가 나타나 전환으로 쉽게 유도할 수 있다.

■ 웹사이트 방문(전환) 수 단수 이미지 및 슬라이드 이미지를 통한 전환 방법

웹사이트 방문(전환) 수 광고는 이미지 자체가 링크 기능을 하므로 이미지를 누르면 바로 전환의 효과가 나온다. 전환을 통해 블로그, 홈페이지, 쇼핑몰의 풍성한 콘텐츠에 매료되게 해야 한다. 마케팅이란 한 가지 플랫폼에서 승부가 나

는 것은 없다. 페이스북을 통해 전환하면 랜딩페이지의 콘텐츠와 궁합이 맞아야
한다.

전환의 측면에서는 게시물 광고보다는 웹사이트 방문(전화) 수 광고가
더 효과적이다. 특히 페이스북에서 슬라이드 광고 기능을 업그레이드하

여 더욱 사용자들의 반응이 좋은 편이다.

  페이스북 광고에서 랜딩페이지의 역할이 중요하다. 페이스북 광고에서 광고가 미끼라면 랜딩페이지는 그물이라고 할 수 있다. 다음은 삼성 IT 페이지에서 진행한 페이스북 광고와 랜딩페이지 사례를 소개한다.

사진 출처: https://www.facebook.com/SamsungITKorea/posts/1025329554193972

9. 맞춤 타겟을 모으는 광고를 하라

페이스북 광고를 연구하면서 맞춤 타겟 픽셀의 가치를 알게 되었다. **페이스북 맞춤 타겟 픽셀의 기능은 세 가지로 설명할 수 있다. 첫째, 방문자 수를 센다. 둘째, 방문자의 정체(Identity)를 파악한다. 셋째, 방문자를 맞춤 타겟으로 추출해 준다.** 맞춤 타겟 픽셀은 포털에서 제공하는 블로그, 카페 등에는 심을 수가 없다. 맞춤 타겟 픽셀은 코딩이 가능한 내 홈페이지 또는 쇼핑몰 등에만 가능한 기능이다.

다행히 카페 24, 고노몰, 메이크샵 등 쇼핑몰 호스팅 업체에서 헤더 영역을 열어주어 맞춤 타겟 픽셀을 심을 수 있다. 만약에 홈페이지나 쇼핑몰이 없다면 별도의 랜딩페이지를 만들어 맞춤 타겟 픽셀을 심어 사용하는 것도 하나의 방법이다.

유입으로 전환한 잠재 고객들을 한 번의 방문으로 잡기는 어렵다. 이러한 때 페이스북 맞춤 타겟 픽셀을 활용하면 방문자들을 별도로 모아 놓을 수 있다. 즉 내 상품과 서비스에 관심을 가진 사람들만으로 모아 언제든지 재활용할 수 있다. 페이스북 광고 전환에 있어 맞춤 타겟의 효과를 제대로 보려면 맞춤 타겟 픽셀을 심을 수 있는 사이트, 쇼핑몰 또는 랜딩페이지에 픽셀을 심어 놓고 진행하는 것이 페이스북 광고를 통해 얻을 수 있는 보너스이다. 점차 쌓여 가며 늘어나는 맞춤 타겟을 보면 저절로 배가 불러온다. 이것 또한, 페이스북 광고를 통해 얻는 묘미 중 하나이다. 내 타겟을 모으는 광고를 하는 것이다.

10. 보너스와 매출을 극대화하라

페이스북 광고는 일단 고객들의 눈을 사로잡아야 한다. 페이스북 뉴스피드는 말 그대로 흘러간다(FEED). 또한, 고객들에 의해서 아래에서 위로 흘러간다. 이 순간 고객의 눈은 동물적인 감각으로 자기의 필요에 맞는 콘텐츠를 기막히게 골라낸다. 고객의 동물적 감각을 자극하는 콘텐츠는 글이 아니라 콘텐츠 자체다. 고객의 눈에 선택되는 콘텐츠를 만들어야 한다.

고객의 눈을 사로잡았다면 다음으로 고객의 마음과 손가락을 사로잡는 콘텐츠가 되어야 한다. 페이스북 사용사의 반응은 손가락을 움직여 곧 게시물에 좋아요/댓글/공유로 참여하게 된다. 그런데 페이스북 광고에는 게시물 참여가 많은 콘텐츠에 보너스가 있다. 바로 무료 도달, 노출이다. 즉 페이스북 광고비를 통해 도달된 숫자 이외에 광고를 보고 반응한 사람들을 통해 광고를 보게 되는 2차 도달자들은 광고비 정산에 포함되지 않는다. 유기적 도달 수, 즉 무료로 도달되는 혜택을 받는 것이다. 어떤 때는 광고비로 도달한 숫자보다 무료로 도달한 숫자가 많을 때가 있다.

페이스북 광고의 최종 목표는 매출의 극대화이다. 하지만 모든 광고가 매출을 보장해 주는 도깨비방망이는 아니다. 매출을 좌우하는 변수는 크게 세 가지다. 첫째는 타겟이고, 둘째는 콘텐츠이며, 셋째가 상품 또는 이벤트이다. 이 세 변수 중 하나만 부족해도 매출은 떨어진다. 타겟, 콘텐츠, 상품 및 이벤트가 맞아야 매출로 직결된다. 페이스북 광고는 종합 예술이다.

다음의 행복쇼핑 페이지는 광고 최적화로 매출을 극대화한 사례이다. 적은 광고비로 최고의 매출을 올리고 있다(하루 10만 원 정도의 광고비로 광고비 대비 20~30배 매출).

필자는 광고를 시작하면 급격히 심장이 뛰기 시작한다. 타겟을 어떻게 잡을지, 광고 이미지 콘텐츠는 어떻게 구성할지, 이벤트는 어떻게 만들게 할지……. 연구에 연구를 거듭해야 한다. 이것이 필자가 독자들에게 명확한 정답, 비법을 드리지 못하는 이유다. 모발이식 병원 광고를 진행할 때 탈모를 공부하다 보니 꿈속에서도 머리에 광채가 나는 사람들만 등장하였을 정도다.

페이스북 광고는 마케터의 능력에 좌우된다. 광고 기획을 철저하게 해야 한다. 그리고 타겟과 광고 이미지를 최적화해야 한다.

일곱째, 페인조합은 백년가약이다

청출어람(靑出於藍)이라는 고사성어가 있다. 이 말은 '푸른색은 쪽(藍)에서 나왔지만 쪽빛보다 더 푸르다'라는 뜻으로, 제자가 스승보다 더 나음을 비유하는 말이다. SNS 세계에서도 이러한 청출어람의 기운이 보이는 곳이 바로 인스타그램과 페이스북이다.

2010년에 설립된 인스타그램은 2012년 10억 달러에 페이스북에 인수

되었다. 이런 인스타그램은 사진만으로 자신의 생각을 표현하고 노출하는 단순 이미지 기법을 사용한다. 따라서 쉽게 게시물을 올리고 공유할 수 있기 때문에 큰 인기를 끌고 있다. 특히 사진 필터 기능 등으로 인해 20~30대 여심을 저격하고 있으며, 젊은 층에서는 그 호응도가 가히 페이스북을 능가하는 추세이다.

그러므로 필자는 이러한 페이스북과 인스타그램을 모두 연동한 '페인 조합 백년가약'이 마케팅 시너지 효과를 극대화할 수 있는 최고의 SNS 궁합 조건이라고 생각한다.

태생적으로 페이스북과 인스타그램은 다르게 태어났지만, 지금은 같은 하나의 회사와 마찬가지인 관계로 콘텐츠 공유 및 광고 분야에서는 서로 밀접하게 연동되어 상호의존하고 있다. 그래서 이러한 기능을 잘 알고 활용해야 자신의 콘텐츠를 효과적으로 확산시킬 수 있다.

미국에서 선풍적인 인기를 끌었던 인스타그램 쇼핑몰 기능이 얼마 전 국내도 론칭되었다. 이러한 기능은 페이스북 페이지의 샵 기능을 통하여 상호 연관되어 작동한다. 즉, 페이스북 및 인스타그램에서도 바로 물건을 구매할 수 있는 시대가 온 것이다.

다음은 페이스북 페이지에서 샵 기능을 설정한 뒤 그것을 바탕으로 인스타그램 쇼핑몰을 순차적으로 오픈하는 방법에 대해서 설명하겠다.

1. 페이스북 샵 기능

페이스북 샵 섹션은 페이지에서 추가하면 무료로 직접 고객에게 제품을 판매할 수 있는 기능을 말한다. 또한 샵 섹션을 통해 얻은 수익에 대해 현재까지는 수수료를 부과하지 않는다고 하니 정말 고마운 페북씨다.

샵 섹션을 추가하는 방법에 대해 알아보자.

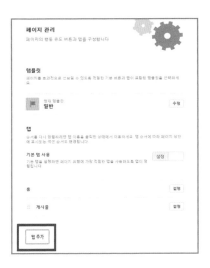

[설정] 페이지에서 [페이지 관리]를 클릭한 뒤에 [탭 추가] 버튼을 누른다.

탭 추가에서 "샵" 기능을 [탭 추가]한 뒤 홈으로 돌아오면 하단 메뉴에 [샵]이라는 페이지가 생성된다.

판매자 약관 정책에 동의한 뒤, [메시지를 보내 구매하기]와 [다른 웹사이트에서 결제] 중 원하는 결제 방식을 선택한다. [메시지를 보내 구매하기]는 웹사이트가 없는 경우 페이스북 페이지를 통해 결제가 바로 가능한 기능이다. [대한민국 원]으로 통화를 설정하면 샵 페이지 생성이 완료된다.

이제 샵에서 제품을 추가해 보자. 샵 페이지에서 [제품 추가]를 클릭한 뒤 제품의 사진, 이름, 가격, 설명, 결제 URL (스토어 URL), 공개 여부를 입력하고 저장하면 샵에 물품이 추가된다.

샵에 추가된 물품은 게시글을 쓸 때 [제품 태그] 버튼을 눌러 게시글에 추가할 수 있다. 사진에서 태그하고 싶은 위치에 클릭한 뒤 태그할 해당 제품을 입력하면 이미 샵에 추가되어 있는 제품이 디스플레이된다.

제품을 태그한 뒤 태그 완료 버튼을 누르면 완성이다. 태그된 제품을 클릭하면 결제할 수 있는 URL로 넘어가게 된다.

2. 인스타그램 쇼핑몰

미국에서는 2017년 4월 인스타그램 쇼핑몰 쇼핑 태그 기능이 정식으로 출시됐다. 인스타그램에 따르면 비즈니스 계정이 그 후 2017년 7월 1,500만 개에서 11월에는 2,500만 개로 4개월 만에 2배 가까이 늘었다고 한다. 게다가 인스타그램의 사용자들 중 80%가 기업의 브랜드 계정을 팔로우하고 있으며 전 세계에선 매일 2억 명이 접속한다고 한다.

그동안 국내에서 인스타그램의 쇼핑 기능은 단지 인플루언서들이 자신의 인스타그램 프로필에 블로그 주소 등의 외부 URL을 연결시켜 제품을 판매하거나, DM (다이렉트 메시지)을 통해 계좌 번호를 알려줘서 물건을 판매하는 방식이 대부분이었다.

그런 인스타그램이 2018년 6월 쇼핑몰 기능의 추가로 새로운 쇼핑 채널로 각광받고 있다. 최근에는 삼성물산 패션부문, 코오롱FnC, 아모레퍼시픽, LG생활건강 등의 대기업도 인스타그램의 쇼핑에 뛰어들며 그열기가 가세되고 있다.

인스타그램의 쇼핑몰 기능이 미국처럼 국내에도 도입되자 코오롱FnC의 라이프스타일 브랜드 '에피그램', 삼성물산 패션부문의 제조 · 직매형의류(SPA) 브랜드 '에잇세컨즈', 영원아웃도어의 '노스페이스 화이트라벨', 아모레퍼시픽의 '라네즈'와 '마몽드', LG생활건강의 '더페이스샵'과'비욘드', 미국 화장품 브랜드 '에스티로더' 등의 대기업들이 잇따라 공식계정에 쇼핑 기능을 추가했다. 오프라인 매장보다는 모바일 쇼핑을 선호하는 젊은 소비자를 끌어들이기 위해서다.

출처: 노스페이스 화이트라벨 인스타 쇼핑몰, 아모레 퍼시픽 라네즈 인스타 쇼핑몰

이경전 경희대 경영학과 교수는 "마케팅 플랫폼이 포털사이트, 페이

스북 유료광고를 거쳐 이젠 인스타그램 쇼핑으로 진화하고 있다"며 "젊은 층이 많이 이용하는 인스타그램에선 연예인보다는 사생활을 공유하는 인플루언서를 더 신뢰하고 친근하게 느낀다"고 말하기도 했다.

이렇듯이 오프라인 매장보다는 쉽고 편한 모바일 쇼핑을 선호하는 젊은 소비자들 덕분에 SNS 마케팅만으로도 충분히 수요를 확보할 수 있는 시대가 도래하고 있다. 특히 패션·뷰티업계에서는 앞으로 백화점 등 오프라인 매장보다는 온라인몰, SNS 등으로 소비 수요가 몰리는 현상이 가속화할 것으로 전망되기도 한다.

다음은 인스타그램 쇼핑몰을 만드는 방법을 순차적으로 설명한 것이다.

[1단계] 페이스북 비즈니스 페이지에 제품 카탈로그 등록하기

인스타그램 쇼핑몰 기능을 이용하기 위해서는 먼저 해당 페이스북 페이지가 있어야 하고, 계정 템플릿을 쇼핑으로 전환하거나 탭 추가를 통해 샵 기능을 생성해야 한다. 이는 앞의 페이스북 샵 기능에서 상세히 설명하였다.

[2단계] 인스타그램 계정 비즈니스 프로필로 전환하기

페이스북 페이지의 샵 기능을 생성했다면 인스타그램 계정을 비즈니스로 전환해야 한다. 계정 설정에서 [비즈니스 계정으로 전환]을 클릭한 뒤 절차를 따라 페이스북 페이지와 연결해 주면 된다.

[3단계] 인스타그램 이미지에 상품 태그 붙이기

등록한 상품을 페이스북이 승인하기까지 시간이 조금 소요되며 대체로 2주 전후로 등록된다. 인증이 완료 된다면 인스타그램에 게시글을 올릴 때 [사람 태그하기] 아래쪽에 [상품 태그하기] 버튼이 생성된다. 앞서 설명한 페이스북 제품 태그하기와 같은 방법으로 상품 태그하기 버튼을 누른 뒤 태그할 상품을 태그하고 싶은 위치에 맞춰 넣으면 인스타그램 쇼핑몰에 상품 태그가 완료된다.

출처: 아모레 퍼시픽 라네즈 인스타 쇼핑몰

상품 태그가 붙어 있는 포스트에는 이미지 우측 상단에 장바구니 표시가 붙는다. 그러면 인스타 쇼핑몰 기능 설정이 완료된 것이다.

[4단계] 인스타그램 광고 기능을 활용한 콘텐츠 확산 방법

이렇게 제작된 콘텐츠는 인스타그램 광고 툴을 이용하면 효과적으로 확산시킬 수 있다. 물론 페이스북 광고 계정을 통하여 인스타그램에 노출할 수도 있으나 인스타그램 광고시스템을 통하면 더 쉽게 노출 가능하다. 페이스북 광고 계정만 등록되어 있으면, 누구나 클릭 몇 번 만으로 진행할 수 있는 페이스북 계정에서 제공하는 보너스 광고 채널이다.

다음은 누구나 손쉽게 따라할 수 있는 인스타그램 광고 설정 방법이다.

> Step 1. 홍보하기
> Step 2. 광고 목표 정하기
> 　　　　　프로필 방문 늘리기/웹사이트 트래픽 늘리기
> Step 3. 타겟 대상 선택 (자동/수동)
> 　　　　　수동 타겟: 위치/관심사/연령/성별 타겟 가능
> Step 4. 예산 및 기간 (하루 1,000원부터 집행 가능)

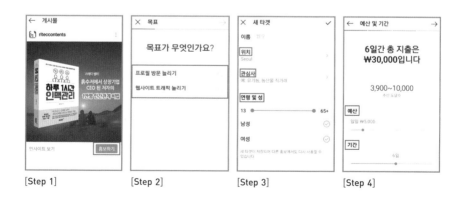

[Step 1]　　[Step 2]　　[Step 3]　　[Step 4]

1. 〈페이스북 광고 & 타겟 마케팅〉, 리텍콘텐츠, 2017

심화된 페이스북 마케팅 광고 타겟 기법을 설명한 책

2. 〈끌리는 컨셉의 법칙〉, 중앙북스, 2014

성공하는 컨셉 개발의 비밀을 17가지로 정리해 숨은 소비자의 욕망을 분석한 책

3. 〈광고 글쓰기 아이디어 73〉, 나남, 2010

뭔가를 계속 써내야 하는 사람, 글과 말로써 누군가를 설득해야 하는 사람을 위한 책

4. 〈광고를 이기는 콘텐츠의 비밀〉, 이지스퍼블리싱, 2013

쉽게 실천할 수 있는 마케팅의 대표적인 기법들을 설명한 책

실전 마케팅에 도움이 되는
콘텐츠 6가지

책 상세보기

- 〈감성설득〉 – 사람을 단박에 내 편으로 만드는 설득력의 비밀
  송감찬 지음
- 〈공감 실전화술〉 – 상대와 매끄러운 인간관계를 맺고 싶은 사람들의 길잡이
  하코다 타다아키 지음
- 〈모임의 기술〉 – 강의스킬의 모든 것
  엔도 아키라 지음
- 〈세일즈레터 & 카피라이팅〉 – 한 줄로 사람을 사로잡는 방법
  댄 케네디 지음
- 〈사람의 마음을 얻는 대화의 기술 48가지〉 – 성공 커뮤니케이션 비법, 액티브 토킹&리슨
  타니모토 유카 지음
- 〈실패율 0% Sales 인간관계 Lesson 50〉 – 실패율 0% 인간관계 레슨
  홀 베커 지음

〈페이스북 마케팅 강의 안내〉

- 〈페이스북마케팅 실전기법〉 책을 읽다가 내용이 이해되지 않거나, 책에서 설명하는 대로 했는데도 결과에 오류가 나는 경우

    페마연(구 페이스북마케팅연구소) 이메일: mlunchtime@gmail.com 문의 주세요.

- 〈페이스북마케팅 실전기법〉에서 다룬 내용에 대해 좀 더 깊게 오프라인 강의를 듣길 원하거나 본인의 사업과 관련하여 컨설팅을 필요로 하는 경우

    페마연(구 페이스북마케팅연구소) 이메일: mlunchtime@gmail.com 문의 주세요.

- 실시간통합타겟팅자동화솔루션 TIXEL ver 1.0

    문의: tixel.co.kr
        1688-7873, 010-6352-9091